Das Verkehrs ABC

Überlebensstrategie im Verkehrs Chaos,
ein Erfahrungsbericht aus 62 Jahren Fahrpraxis

Die häufigsten Fahr- und Denk-Fehler der Verkehrsteilnehmer. Das Buch soll Fahranfängern und auch Profis helfen, die Gefahren im Straßen-Verkehr besser einzuschätzen und darauf entsprechend zu reagieren. Der hoffnungslose Versuch Autofahrern vor Schäden an Leib und Leben zu bewahren

von Horst Reiner Menzel.

Impressum:

Bibliografische Informationen:
Die Deutsche Nationalbibliothek verzeichnet die Publikation im Internet unter: http://dnb.dnb.de

Horst Reiner Menzel
Dieselstraße 8
71546 Aspach
doremenzel@gmx.de
Website: http://www.reiner-menzel-aspach.jimdo.com
Herstellung und Verlag: BoD - Books on Demand, Norderstedt
3. Auflage 2021 ISBN: 9783752825053

Verkehrschaos ohne Verkehr, was würden Sie tun, wenn sie hier an-kommen. Links blau, dann grün und rechts rot?

1. Das Auto auf der Mittelinsel abstellen und zu Fuß weitergehen?
2. Denken, das Bild ist Seitenverkehrt oder sie sind im falschen Film?
3. Jemanden fragen in welchem Land sie sich befinden?
4. Richtig - dass Bild ist wohl in einem Linksfahrerland entstanden? Man erkennt es an dem links oben hängenden weißen beschrifteten Hin-weisschild. Dieses Bild soll verdeutlichen, wie schwierig und komplex Autofahren ist. Mal ehrlich, hätten sie es schnell herausgefunden?

Werter Leser,

bitte nehmen Sie sich ein wenig Zeit, denn dieses Buch kann man nicht „nur lesen", man muss es studieren, sich die beschriebenen Fahrsituationen vorstellen und die gegebenen Ratschläge verinnerlichen. Am besten Sie legen sich dieses Buch in Ihr Fahrzeug und schauen, wenn Sie im Stau stehen oder gerade mal Zeit haben wieder hinein. Wie wichtig es ist, sich mal in aller Ruhe zuhause, mit dem was auf Deutschlands Straßen jeden Tag passiert zu beschäftigen, mögen Sie an folgenden Zahlen ersehen. 1970 gab es 21.000 Verkehrstote 2019 "nur noch" ca. 3000. Das hört sich zunächst gut an, ist aber hauptsächlich auf das verbesserte Fahrkönnen und die Sicherheitstechnik der Fahrzeuge zurückzuführen. Zu beklagen ist jedoch, dass durch die sich ins Fahrzeug hinein geschlichene Infotainment- und Kommunikationstechnik, die Zahl der Unfälle wieder steigt. Volkswirtschaftlich gesehen, entstehen jedes Jahr 30 Milliarden Kosten, davon könnte man einiges einsparen, wenn man sie mit dem Drehen des Zündschlüssels abschalten würde. Ich wäre ihnen dankbar, wenn Sie im Interesse aller Verkehrsteilnehmer auch Ihre Erfahrungen in dieses Buch einbringen würden. Bitte schreiben, oder mailen Sie mir, wenn Sie einen Beitrag zur Verbesserung der Verkehrssicherheit leisten möchten. Gern nehme ich auch ihre Kritik entgegen, ich werde versuchen das Buch ständig zu verbessern und auf dem neuesten Stand zu halten. Durch ihre Mithilfe können Sie alle zur Verkehrs-Erziehung und zum besseren Fahren beitragen.

Zur Zeit ist das hochautomatisierte Fahren: - *Highly Automated Driving* - in aller Munde. Damit ist gemeint, dass die bisher getrennt agierenden Fahrassistenzsysteme zu einem vollautomatischen, autonomen Fahren zusammengefasst werden, sodass der Fahrer angeblich während der Fahrt die Zeitung lesen kann. Audi, sehr fortschrittsgläubig träumt davon, dass das es noch in diesem Jahrzehnt Wirklichkeit werden kann. Wenn man bedenkt, dass die Entwicklung der Navigations-Geräte und der Fahrassistenzsysteme ca. 30 Jahre gedauert hat, kann man davon ausgehen, dass es weitere 30 Jahre dauern wird, bis zuverlässige Systeme für das teilautonome Fahren serienreif sind. Wir alle wissen doch wie oft unsere Computer abstürzen, selbst bei der ersten

Mondlandung, musste Neil Armstrong auf Handsteuerung umschalten, sonst wäre es schiefgegangen. Ich bin wahrlich kein Fortschritts-Feind, aber man muss eben realistisch bleiben. Wie oft leitet uns ein Navigationssystem in eine Sackgasse? Oder will auf der Autobahn plötzlich wenden. Natürlich navigieren inzwischen Flugzeuge und Schiffe in der Luft und auf den Weltmeeren mit Radar, Kartenplottern und Autopiloten, aber dort ist eben sehr viel Platz und man hat meistens genügend Zeit zum Reagieren. Die komplexen Anforderungen an den Autopiloten auf der Straße, wird man "leider" nicht so schnell in den Griff bekommen. Selbstverständlich kann der Fahrer eingreifen, wenn etwas "schiefgeht". Nach den Vorstellungen der Entwickler soll die Reaktionszeit des Fahrers auf sieben Sekunden eingestellt werden. Im heutigen Verkehr muss der Fahrer aber im zehntelsekunden-Bereich reagieren. Das heißt, er muss ständig mit voller Aufmerksamkeit fahren und alle Verkehrssituationen verarbeiten, das hält ihn "wach". Beim autonomen Fahren würde er vor sich hindösen, das könnte bis zum Einschlafen gehen. Sicher kann man das durch einen "Wachknopf", den der Fahrer alle 2 - 5 Sekunden drücken muss verhindern, so ist es jedenfalls bei der Bahn. Drückt der Fahrer nicht rechtzeitig, wird er durch einen Warnton dazu aufgefordert, passiert immer noch nichts, bleibt der Zug stehen. Trotz dieser Sicherheits-Einrichtung, ist neulich eine Straßenbahn quer durch Stuttgart gefahren und musste von den Fahrgästen durch Ziehen der Notbremse gestoppt werden. Nun stellen sie sich einmal vor was passiert, wenn ein Auto mitten auf der Straße plötzlich bremst und stehenbleibt! Oder noch schlimmer, unkontrolliert weiterfährt, wer soll das Ding stoppen? Wenn bedingt durch Baustellen oder andere Umstände, - z. B. das Navi-System im Hochhaus-Straßengewühl, plötzlich den GPS Standort "verliert", was ja in langen Tunneldurchfahrten regelmäßig passiert, oder wenn die Sensoren durch Dreck, Schnee- und Eis verschmutzt werden? Eine weitere nicht zu unterschätzende Gefahren-Quelle sind die "primitiven" Sensoren, die das ganze System steuern sollen. Die Evolution hat Millionen Jahre benötigt, die Lebewesen mit sensiblen "Sensoren" auszustatten, beim Menschen sind das die fünf Sinne und unser denkfähiges, reaktionsschnelles Gehirn, das uns einigermaßen unbeschadet durch unser kurzes Leben zu steuert. Wie oft das nicht funktioniert wissen wir alle, wenn wir auf die Nase fallen. Dann sagen wir zueinander: Du musst besser aufpassen! Nun sagen Sie das mal ihrem Autopiloten. Die Aufgabe ist gewaltig, da haben sich die Entwickler durch die zweifelsfrei großen Fortschritte der Robotronik und der Automation euphorisieren lassen. Meine Meinung nach gehört zum Autofahren ein funktionierendes Gehirn und zusätzlich ein elektronisches Gehirn, das den Fahrer unterstützt.

Aus all diesen Überlegungen ergibt sich die "Gretchenfrage": Welcher Fahrer würde sein Leben solchen Gefahren aussetzen und das Steuer einem Computer überlassen? Da ist die Freude am Fahren dann doch zu verlockend. Wer viel und lange fährt überlebt nur, wenn er versucht aus jeder präkehren Verkehrssituation etwas dazu zu lernen. Man muss auf jeder Fahrt aus den eigenen Fehlern und den Fehlern der anderen Verkehrs-Teilnehmer lernen und diese Erfahrungen in sein eigenes Fahr-Verhalten integrieren. Man sollte fahren nicht als schnellstmögliche Fortbewegung von A nach B verstehen, sondern als genussvollen Ausflug, als ein durchwandern einer interessanten Welt, die uns die Schöpfung geschenkt hat und dazu gehört die Gelassenheit des Dahingleitens.

Die STVO – Straßenverkehrsordnung finden Sie im Internet unter:
http://www.gesetze-im Internet.de/stvo_2013/

Ich wünsche Ihnen allzeit eine gute und unfallfreie Fahrt.

Horst Reiner Menzel

Inhaltsverzeichnis:

Einführung

Die in ihrem Bewegungsverhalten fast unverändert gebliebenen Steinzeit Menschen von heute, waren auf 30 km/h programmiert, diesen ziemlich geringen Speed beherrschten unsere Vorfahren über Jahrhunderttausende und waren daran angepasst. Schon als Pferd und Wagen als Fortbewegungs-Mittel „erfunden" wurden, gab es die ersten tödlichen Unfälle. Was zeigt uns dieser kleine Rückblick. Die Menschheit ist nicht in der Lage höhere Geschwindigkeiten zu beherrschen, sieht man einmal von den Flugzeugen ab. Schon die Technik der Pferd- und Wagen-Fortbewegung forderte regelmäßig Verkehrsopfer, aber nicht wie man meinen möchte, nur durch Ereignisse wie Rad- und Speichen-Brüche, sondern durch rücksichtsloses und zu schnelles Fahren. Schon diese relativ langsamen Vehikel verleiteten den Menschen zu überhöhter Geschwindigkeit, was schon damals im 18. und 19. Jahrhundert in den Großstädten regelmäßig zum Verkehrschaos führte. Als die ersten Kraftwagen auf den Straßen verkehrten, erließ man in London ein Gesetz, wonach vor jedem Auto ein Mensch laufen musste, der die Straße sozusagen von anderen Verkehrsteilnehmern „freiräumte". Was möchte ich ihnen mit diesem Rückblick sagen: Nur wenn eine Straße von anderen am Verkehr teilnehmenden Personen und Fahrzeugen frei ist und nur dann, haben sie freie Fahrt, die sogenannte >Vorfahrt< gibt es aber nicht. In der Schifffahrt nennt man es „das Wegerecht". Aber auch hier darf man daraus nicht ableiten, dass man nun aufs Gaspedal steigen darf. Es handelt sich vielmehr um eine Handlungsanweisung, das heißt derjenige, der die „Vorfahrt" hat, sollte sich auch als erster mit Vorsicht und Umsicht weiter fortbewegen. Dieses eherne Gesetz, gilt immer noch und wird immer Bestand haben. Was heißt das nun für den Verkehrsteilnehmer: Liegt z. B. ein Betrunkener auf der Fahrbahn hinter einer Kurve, sie sind zu schnell und können nicht mehr bremsen, sie überfahren ihn und er ist tot, dann sind Sie mitschuldig, da hilft ihnen keine Vorfahrtsregel und Sie werden ihr langes Autofahrerleben lang, immer an diesen Vorfall denken müssen. Sie steigen aus, ihnen schlottern die Glieder, sie prüfen, ob dieser Mensch noch lebt, sie rufen den Rettungsdienst an, die Behörden schicken einen Staatsanwalt an die Unfallstelle. Sie machen sich Vorwürfe, sagen sich: Hätte ich das verhindern können? Eindeutig:

Ja, wenn sie diese für alle Verkehrs-Teilnehmer geltende Regel eingehalten hätten, die vor langer Zeit von einem klugen Menschen so formuliert wurde:

(1) Die Teilnahme am Straßenverkehr erfordert ständige Vorsicht und gegenseitige Rücksicht.
(2) Wer am Verkehr teilnimmt hat sich so zu verhalten, dass kein anderer geschädigt, gefährdet oder mehr, als nach den Umständen unvermeidbar, behindert oder belästigt wird.

Wenn sie sich diese Grundsätze zu eigen machen, werden sie mit vielen Verkehrssituationen besser zurechtkommen. Lieber mal einen anderen „vorfahren" lassen, als in einer unklaren Verkehrslage „drauflosfahren". Lieber mal einen Fußgänger rüber lassen, indem sie ihm zuwinken zu gehen. Es ist ein wunderschönes Gefühl, wenn man anderen hilft. Wenn man zu Kindern einen großen Abstand einhält oder jemanden bei durchlaufendem Verkehr, aus einer Seitenstraße oder Ausfahrt, sich in die Schlange einfädeln lässt. An der nächsten Straßenecke, sind vielleicht sie derjenige, der nicht vorwärts kommt, weil andere jeden Millimeter Straße für sich beanspruchen. Überhaupt, breitet sich der Egoismus im Straßenverkehr nicht nur bei Autofahren immer weiter aus, man beobachtet dies auch bei Fußgängern. Da stellen sich ganze Gruppen von Fußgängern mitten auf den Gehweg, machen Party und geben keinen Platz. Junge Leute kommen in Viererreihen die Straße blockierend daher und andere stürzen aus Geschäftseingängen heraus, sodass man als Fußgänger genötigt ist, eine „Vollbremsung" zu machen. Doch diese Dinge sind ein gesellschaftliches Problem, das nur durch Erziehung gelöst werden könnte.

Alles dreht sich nur ums Geld,
Immer schneller dreht sich die Welt,
ihrem bitteren Ende entgegen,
mehr Vernunft wäre ein Segen.

Rei©Men

Grundsätzliches

Den Autofahrer der keine Fehler macht gibt es nicht. Man kann nicht alles richtigmachen, besonders nicht als Anfänger. Aber man kann sich bemühen, so wenig wie möglich Fehler zu machen. Unfälle passieren meistens nur dann, wenn die Unfallbeteiligten gleichzeitig Fehler machen oder nicht aufpassen. Immer wenn einer, besser gleich mehrere den Fehler eines anderen korrigieren oder durch geschickte Reaktionen eliminieren, kommt es nicht zu Unfällen, bzw. größeren Schäden werden vermieden. Alle Verkehrsteilnehmer, Fußgänger, Radfahrer und auch Handwagen haben die gleichen Rechte wie alle anderen Verkehrsteilnehmer. Autofahrer meinen immer mehr Rechte zu haben, als schwächere Verkehrsteilnehmer. Niemand hat die universelle Vorfahrt auch nicht auf Vorfahrtsstraßen, es kommt immer darauf an, ob die Straße auch frei ist. Können Sie eine Kurve nicht einsehen, endet ihre >Vorfahrt<. Tauchen am Straßenrand und auch auf Bürgersteigen Kinder oder Menschen auf, ist ihre Vorfahrt beendet. Da gilt nur noch § 1 Vorsicht, Rücksicht und langsam weiterfahren. Man beobachtet häufig schwere Stadtbusse, die im Abstand von 50 cm an Passanten auf den Bürgersteigen mit 50 km/h „vorbeirasen". Das ist keine angepasste Geschwindigkeit diese erfordert, dass man sein Fahrzeug jederzeit zum Stillstand bringen kann, egal was auf der Straße passiert und der Bürgersteig gehört ebenfalls zur Straße. Zu Fußgängern ist ein Abstand von mindestens einem Meter einzuhalten, auch wenn der sich auf dem Bürgersteig bewegt. Ganz schlimme Finger sind oft die Jungbauern mit ihren Bulltreckern samt Werkzeug-Anhängen, wie Pflügen- oder anderen landwirtschaftlichen Maschinen, donnern sie rücksichtslos durch Stadt und Land, weil man ja mit diesen gefährlichen Geräten, angeblich wie mit einem PKW auch 50 km/h fahren darf.

Diese Mahnung sollte sich jeder Fahrer genau einprägen:
Der Zeitfaktor = Zeitgewinn ist durch Abstand zum Vorrausfahrenden einzuhalten. Man bekommt ihn geschenkt, so einfach ist das und man fährt entspannter.

Der Zeitfaktor

Übertragen wir nun einmal das oben gesagte auf unsere viel befahrenen Autobahnen. In den seltensten Fällen ist die Straße vor uns frei von anderen Verkehrsteilnehmern. Sie wissen nicht, was die anderen tun werden, Sie müssen ständig auf alle und auf alles aufpassen. Verkehrsschilder, Baustellen, Aus- und Einfahrten beobachten, Schalten, Gas geben, bremsen, lenken, den Tacho beobachten, tausende Verkehrsschilder erfassen, auswerten und haben noch viele andere Dinge zu tun, z. B. die Fahrbahn beobachten und im Winter abschätzen, ob es nur nass, rutschig oder sogar Glatteis vorhanden ist. In dieser Aufzählung sind die modernen Kommunikationsmittel noch nicht mal erwähnt, doch die reden mit Ihnen, geben Hinweise auf Staus Umleitungen, das Navi erzählt ihnen ständig wo es langgeht und piept, wenn Sie wieder mal eine Geschwindigkeits-Begrenzung übersehen haben. Das war nur die Autobahn, auf Landstraßen und in den Städten kommen noch hundert andere ständig unsere Aufmerksamkeit erfordernde Reize hinzu. Aber, unsere Konzentrations-Fähigkeit ist begrenzt, der Mensch ist leider auch nur bedingt multitaskingfähig. Das heißt, er kann nicht viele Dinge gleichzeitig erledigen. Das merken Sie am besten, wenn Sie ein Buch lesen und jemand spricht Sie an, dann schauen Sie hoch und fragen: Was hast du gesagt? Oder versuchen Sie mal die Zeitung zu lesen und gleichzeitig das Fernsehen zu verfolgen! Wenn Sie ehrlich sind, werden Sie zu dem Ergebnis kommen, dass Autofahren überhaupt nicht möglich ist! Wie schafft es nun der Mensch trotzdem Auto zu fahren? Indem er die einzelnen Phasen des Fahrens in Unterabteilungen des Bewusstseins verschiebt und diese automatisch ablaufen lässt, so wie man auch läuft ohne darüber ständig nachzudenken, nebenbei können sie sich auch noch mit jemandem unterhalten. Andere wichtige Dinge erledigt man hintereinander, indem man von einer Tätigkeit blitzschnell auf die andere umschaltet. Immerhin hat uns die Evolution in Jahrmillionen mit einer teilweise gut funktionierenden Multitasking-Fähigkeit ausgestattet, aber das reicht eben gerade mal so um schnell laufen zu können, deswegen fallen wir auch oft genug auf die Nase. Wie schaffen wir das nun alles? Hier kommt der Faktor Zeit ins Spiel. Wir können es nur schaffen, wenn wir uns entsprechend viel Zeit dafür lassen, ich rede hier von Sekundenbruchteilen. Zeit, die wir beim Autofahren eigentlich nicht haben, woher Zeit nehmen, wenn sich innerhalb von Millisekunden alles um das Fahrzeug herum ständig verändert. Im Moment scheinen wir alles „in Griff" zu haben, im nächsten Sekundenbruchteil sind alle Entscheidungen schon wieder Makulatur, unserem Rechner, dem Gehirn steht aber auch keine unbegrenzte Rechenleistung zur Verfügung. Bei Computern versucht man es mit schnelleren Rechnern, das geht mit unserem natürlichen Computer nicht. Den hat die Natur konstruiert und er ist bisher immer noch in fast allen Bereichen den elektronischen Rechnern weit überlegen. Die einzige mögliche Alternative ist, wir müssen ihm die Zeit verschaffen, die er benötigt, um die notwendigen Berechnungen durchführen zu können. Das heißt, die Geschwindigkeit unserer Fortbewegung muss der Rechenleistung unseres Gehirns angepasst werden. Dies können wir nur erreichen, wenn wir mit verkehrsbedingter, angepasster Geschwindigkeit fahren. Nun hat es die Autoindustrie unsinnigerweise geschafft, immer schnellere, aber auch und „Gott sei Dank" immer sichere Fahrzeuge zu bauen. Dabei wurde aber vergessen sie so zu konstruieren, dass der Mensch diese immer schnelleren und in Massen die Straßen verstopfenden Vehikel, auch noch beherrschen kann. Anstatt ergonomisch, sich selbsterklärende Bedienungselemente einzubauen, wird die Armaturenlandschaft mit immer mehr technischen Spielereien überfrachtet. Zudem sind die Bedienungselemente in jedem Fahrzeug anders angeordnet. Die Hersteller behaupten, wenn in allen Fahrzeugen die Bedienungselemente gleich angeordnet wären, würde ihre Entwicklungs-Kreativität eingeschränkt. Alles faule Ausreden, die wollen nur über immer neue Accessoires den Spieltrieb des Menschen anregen und den Kaufanreiz für ihre Fahrzeuge steigern. Wenn Sie dann ein neues Fahrzeug kaufen, müssen Sie sich erst mal stundenlang an das Steuer setzen und mit der Bedienungsanleitung in der Hand „trocken fahren", bevor Sie sich auf die Straße trauen können. Glauben Sie nur nicht, dass die Hersteller das nicht wissen, sie wissen es ganz genau, sonst würden sie nicht alles unternehmen, um ihre Kreationen mit immer mehr Sicherheitstechnik und immer mehr unnützen Zeug voll zu stopfen, die angeblich dem Fahrer die Bedienung erleichtern sollen; und da sind wir wieder beim Faktor Zeit: Wie viel Zeit benötigt der Normalfahrer um alle Bedienungs-Elemente seines Fahrzeug zu kontrollieren, von beherrschen kann nicht mehr die Rede sein, haben wir doch schon weiter oben festgestellt, dass überhaupt keine Zeit mehr übrig bleibt? Die Quintessens ist niederschmetternd. Wenn Sie mich fragen, müsste das Autofahren eigentlich verboten werden. Jedes Jahr beklagen wir über 3000 Verkehrstote, vor Jahrzehnten waren es noch mehr, bis zu 20.000,00, Sie lesen richtig, pro Jahr und das nur in der Bundesrepublik Deutschland. Die Anzahl der Verkehrstoten ist natürlich durch die Entwicklung der Sicherheitstechnik erheblich gesunken. Gleichzeitig hat man aber die Fahrzeuge zu fahrenden Raketen, die zum Rasen einladen aufgerüstet, die nur eine vorgetäuschte Sicherheit vorgaukeln, indem sie die Fahrgeräusche einfach wegdämpfen und damit die verbesserte Sicherheitstechnik wieder zunichtemachen. Unser Gemeinwesen kann natürlich nicht auf Autos verzichten und nimmt daher billigend in Kauf, dass Jahr für Jahr eine Kleinstadt ausstirbt. Wohin soll das führen, wenn wir nicht endlich anfangen die wildgewordenen, überforderten Autofahrer auszubremsen und den Autoherstellern ergonomische Vorgaben machen. Dazu wäre es auch nötig die PS-Boliden, die nur der egomanischen Selbstbefriedigung einiger Zeitgenossen dienen abzuschaffen. Denn um von A nach B zu kommen, reichen allemal 100 bis 150 PS aus, gleichzeitig würde das den automobilen Umwelt- und Recourcenverbrauch eindämmen. Damit komme ich wieder zum Zeitfaktor zurück, - wir können alle Aufgaben, die beim Fahren im heutigen Verkehr anfallen nur sicher erledigen, wenn wir zwei Dinge gleichzeitig tun.

1. Langsamer fahren und
2. zu den vor uns Fahrenden einen größeren Abstand einhalten.

Durch langsameres Fahren und Abstand halten, bekommen wir die benötigte Zeit um sicher zu agieren und um sicherer zu reagieren. Durch die Einhaltung des Tacho-Sicherheits-Abstandes geben wir uns und anderen die Chance unsere Fahrzeuge sicher herunter zu bremsen, wenn eine Verkehrs-störung auftritt. Gleichzeitig bekommen wir durch den größeren Abstand, einen besseren Überblick über das Verkehrsgeschehen vor und hinter uns. Sie werden es nicht glauben. Aber

98 % aller Autofahrer fahren zu schnell und zu dicht hintereinander, kommen aber mit Sicherheit nicht schneller an ihr Ziel. Das „dicht" Auffahren gaukelt ihnen diesen Effekt nur vor. In Wahrheit schafft diese Pressing-Fahrweise nur Stress:

1. Weil man immer „angespannt" und mit höchster Aufmerksamkeit fahren muss, um jederzeit bremsbereit zu sein. Im Umkehrschluss bedeutet das für den unaufgeregten Fahrer, dass er auch noch ständig für den hinter ihm fahrenden, den er mit irrem Blick im Rückspiegel sieht, mittdenken und auf ihn aufpassen muss. Das geht sogar soweit, dass man die Aufmerksamkeit mehr nach hinten, statt nach vorn richten muss. Insbesondere fallen hier die lebensmüden Biker auf, die wie virtuelle Geister-Hummeln, oft mit zwei Metern Abstand, den ungeeignesten Moment zum Überholen appassen und garantiert dann überholen, wenn man wieder den Vorrausverkehr beobachtet. Deshalb gilt: Wenn Sie den Biker nicht mehr sehen, ist er neben oder schon vor Ihnen.

2. Gerade diese An-Gespanntheit führt nach einiger Zeit zur Entspannung, im entscheidenden Moment fehlt dann die erforderliche Konzentration und man rauscht in den Vordermann rein. Schlimmer noch, dem Nachfahrenden steht eine noch kürzere Reaktionszeit zur Verfügung und so kommt es zu dem berühmt, berüchtigten Zieharmonikaeffekt den wir ja alle kennen. Die Blechlawine schiebt alles zusammen, zerstört gnadenlos Gesundheit und Leben ohne Ansehen der Person.

Vielen Autofahrern gehen mit zunehmend sich verbessernder Fahrpraxis die Verkehrsregeln verlustig, sie fallen dem Herden-Instinkt zum Opfer und sehen nur noch was das „Rindvieh" macht, das vor ihnen herfährt. So wandelt sich die Blechlawine innerhalb kurzer Zeit in eine Stampede, die dem Abgrund entgegen rast.

Rei©Men

Alkohol am Steuer und die Folgen

Es ist kaum zu glauben, aber es gab eine Zeit, da galt ein bisschen Alkohol am Steuer als Kavaliersdelikt. Selbst die Polizei drückte an Tagen wie Silvester, oder im Karneval beide Augen zu. Es war vor 50zig Jahren, wir waren zu viert im Wagen und es war schon zwei Uhr morgens, wir hatten auch ein bisschen zu viel getrunken, da lud uns unser älterer Freund und seine Frau noch auf ein Gläschen zu sich nachhause ein. Plötzlich überholte ein Polizeiwagen und stoppte uns. Oh Gott, oh Gott, mein Führerschein? Aber Martin, nonchalant, Partylöwe der er war, lud auch gleich noch die Polizei mit zu sich ein. Verdammt, das kann nicht gut gehen, dachte ich, aber oh Wunder die Beamten gingen mit. Es wurde noch ein sehr schöner Abschluss, wer dann wen unter den Tisch getrunken hat, weiß ich heute nicht mehr, ich fuhr jedenfalls keinen Meter mehr in dieser Nacht. Am nächsten Tag fragte ich Martin: Sag mal, warum hatten die uns angehalten? Eines meiner Rücklichter war kaputt sagte er. Doch dieses Erlebnis brachte mich zum Nachdenken und danach trank ich bei solchen Gelegenheiten nur noch das von Gesetzgeber verordnete Pensum. Ein weiteres Erlebnis hatte ich in der gleichen Zeit mit der Autobahn-Polizei, die fuhr damals noch Porsche. Mein Onkel hatte Kameraden, die nach dem Kriege zur Polizei gingen. Einer wurde Verkehrspolizist und machte oft an meines Onkels Swimming-Pool einen Zwischenstopp. In der Pause trank er dort mit seinem Kollegen regelmäßig mehr als ein Bierchen. Nun, es war eine andere Zeit, auf den Straßen waren noch nicht so viele Fahrzeuge unterwegs und das Bewusstsein der Fahrer war nicht so geschärft, wie es heutzutage der Fall ist. Damals meinte man noch, wenn man „etwas vertragen kann", beherrscht man das Fahrzeug auch unter Alkohol. Diesem Irrtum fallen Jahr für Jahr unzählige Menschen zum Opfer oder werden zu Krüppeln gefahren. Die Wissenschaft hat inzwischen folgendes herausgefunden:

Die weitaus häufigsten Auswirkungen von Alkohol am Steuer sind die verminderte Reaktionszeit, die nicht mehr ausreichende Koordination des Gleichgewichtsinns und die dadurch gestörten Bewegungsabläufe. Das räumliche Sehen ist eingeschränkt, man bekommt einen Tunnelblick und verarbeitet nur noch Ereignisse, die unmittelbar vor dem Fahrzeug stattfinden. Das vorausschauende Fahren ist stark vermindert, weil sich die Pupillen unter Alkoholeinfluss verengen. Durch diesen Effekt treffen die Lichtstrahlen langsamer auf die Netzhaut, was sich bei Nachtfahrten und um solche handelt es sich ja meistens, zu stärkeren Blende-Reflexen führt. Die Augen schalten nicht mehr schnell genug von Nah- auf Fernsicht um, das Zusammenspiel des Auges mit dem Gehirn funktioniert nur eingeschränkt, Abstände und Geschwindigkeiten werden falsch eingeschätzt, was dann zu folgeschweren Fehleinschätzungen der Verkehrssituationen führt. Bei Brillenträgern oder Fahrern mit Rotlichtsehschwäche kommt es häufig zum unscharfen, verschwommenen Sehen, bis zu Erscheinungen von Doppelbildern.

Deshalb gibt es nur einen einzigen Weg und der heißt:

Konsequent - Null Alkohol am Steuer, denn auch bei dem im Moment zulässigen Alkoholspiegel von 0,5 Promille trägt man eine Mitschuld, wenn man in einen Unfall verwickelt wird. Versicherungen nehmen das zum Anlass, keine Kosten zu übernehmen.

Die Fahr-Erfahrung

Fast jeder macht heute >Seinen Führerschein<, anfangs fährt jeder „Neue" langsam, danach erwirbt er schnell Routine und Sicherheit, bewegt sich im Verkehrsgeschehen immer geschickter, mit der Zeit fährt er immer schneller, dass Fahren wird zum Alltag und was man in der Fahrschule gelernt hat, gerät in Vergessenheit. Irgendwann passiert es dann: Der erste Unfall, leider für manche auch der Letzte.

Die weitaus meisten kommen glimpflich davon, lernen daraus, werden in der Folgezeit bessere Fahrer. Dann wird das Fahren immer mehr zur Routine, man riskiert wieder etwas mehr. Manche werden übermütig und im Laufe eines Fahrerlebens kommen dann eine Menge Fahrfehler, schlechte Angewohnheiten, wie das Überfahren von aufgemalten Verkehrsinseln und durchgezogenen Linien, zu dichtes Auffahren und riskantes Überholen und „der vergessene Blinker" hinzu. Die sich nach und nach einstellende Fahr-Erfahrung verleitet dazu immer schneller zu fahren. Von allen Übeln ist das sogenannte Pressing das Allerschlimmste. Jeder kennt das, wenn Sie dann so einen üblen Dichtauffahrer hinter sich haben, der nur den Moment abwartet, im ungeschicktesten Moment zu überholen, dann wissen Sie was ich meine. Sie können sich kaum noch auf das Verkehrsgesehen vor Ihnen konzentrieren, weil sie diesen Irren hinter sich ständig im Spiegel beobachten müssen, damit er Sie nicht auch noch in seine ausgeprägte Todessehnsucht verwickelt. Da kann ich nur empfehlen. Fuß vom Gas, den Abstand zum Vordermann/Frau vergrößern und vorbeilassen. Doch kaum ist der weg, schon hängt der nächste „Zappel-Phillipp" hinter Ihnen. Ich kann da nur raten: Ruhig bleiben, Abstand nach vorn vergrößern und tief durchatmen.

Fahrschulen bieten heutzutage fast alle die praktische Fahrprüfung mit Automatikschaltungen an. Allerdings sollte jeder Anfänger, wenn er sich an das Autofahren gewöhnt hat, eine gewisse Zeit mit einer Handschaltung fahren, weil es in einem Autofahrerleben sehr wichtig ist, dass Schalten der Gänge auch mit Kupplung und Handschaltung zu

beherrschen. Als ich 1958 mit den Führerschein begann, gab es nur unsynkronisierte Schaltgetriebe. Man musste beim Hochschalten zwischenkuppeln und beim Runter schalten zwischenkuppeln und Zwischengas - geben. Dabei musste man auch noch die Rollgeschwindigkeit des Fahrzeugs genau einschätzen und im richtigen Moment schalten. Ein sehr komplexer Vorgang dem manches Fahrschulgetriebe zum Opfer fiel. In der Fahrschule bekam man auf einem Stuhl sitzend einen kurzen Stock in die Hand gedrückt und der Fahrlehrer kommandierte: Wir üben jetzt erst einmal das Hochschalten der Gänge:
Schaltstock in Leerlaufstellung
linker Fuß kuppeln, 1. Gang einlegen, kuppeln, rechter Fuß Gas geben, linker Fuß kuppeln, Schalthebel in Leerlaufstellung, kuppeln 2. Gang einlegen, kuppeln Gas geben usw.
Hatte man diesen Bewegungsablauf intus, kam das
Herunterschalten:
Linker Fuß kuppeln, Schalthebel in Leerlaufstellung, Zwischengas geben, kuppeln, niedrigeren Gang einlegen, kuppeln, Gas geben. Man kann sich heute kaum noch vorstellen, wie lange ein Fahrschüler brauchte, um dieses Prozedere zu beherrschen. Die Fahrprüfung machte ich dann schon mit einem synchronisierten Schaltgetriebe, man musste nur noch kuppeln und schalten.

Als in den 60ziger Jahren die ersten Automatik-Schaltungen aufkamen, kaufte ich mir sofort einen Wagen mit Automatikschaltung und dachte das Schaltgetriebe wird nun langsam ins Museum wandern. Leider und das muss mal deutlich gesagt werden, wird es bis heute geliebt, gehegt und gepflegt. Das ist finsterstes Mittelalter, denn in allen anderen Bereichen der Technik werden Neuerungen die zur Erleichterung des Lebens führen, sehr gern angenommen. Die Vorurteile gegen die Automatik sind alle an den Haaren herbeigezogen, da heißt es zu teuer, ich brauche das, ich will schalten, mit der Automatik kann man nicht schalten die macht doch was sie will, man hat einen höheren Spritverbrauch, ich kann mich nicht daran gewöhnen, an der Ampel bin ich mit Schaltgetriebe schneller usw. da fragt man sich, warum Rennfahrer mit Automatik fahren. Diese Aussagen kommen meistens von Leuten, die noch nie längere Zeit eine Automatik gefahren haben. Denn das ist die Voraussetzung dafür, um dieses Mensch-Maschine

System einzulernen. Nach spätestens einem viertel Jahr haben Sie es heraus und schalten mit dem Gasfuß, so wie früher mit der Kupplung und sind an der Ampel noch schneller als die Schaltungsvertreter. Glauben Sie mir bitte als altem Automatikfahrer, es gibt auf den Straßen schon genug Stress, da sollte man über jede Verbesserung die das Fahren erleichtert dankbar sein. Der Automatikfahrer fährt relaxter, hält auch eher mal an, um eine alte Frau über die Straße zu lassen, weil er das ganze Procedere des Anfahrens und Hochschaltens wegfällt. Im Stopp and go Verkehr, kann man den Wagen rollen lassen, wenn man von der Bremse runtergeht und braucht nicht mehr ständig kuppeln, Gang einlegen und weiterfahren. Das spart Kupplungen und was man beim Kauf der Automatik mehr bezahlt hat (ca. 500- 1000 €), kommt durch weniger Reparaturen an Kupplung und Antriebsstrang wieder rein. Inzwischen wurden stufenlose "Schaltungen" entwickelt, welche ohne Zahnräder und Getriebe auskommen und sogar noch Kraftstoff sparen. Bei den Anforderungen des heutigen Verkehrs an die Fahrer, betrachte ich die Handschaltungen als überholt, sie gehören ins Verkehrs-Museum.

Die Schaltungen und ständigen Änderungen

Was mich persönlich und bestimmt auch andere ärgert, sind die ständigen Änderungen an den Schaltschablonen der Handschaltungen, aber auch bei Automatikschaltungen werden ständig „sogenannte innovative Verbesserungen" von den Herstellern vorgenommen, niemand gebietet diesem Wahnsinn Einhalt. Als Musterbeispiel sei hier die halbautomatische Sprintshift Schaltung von DB, die eine Zeitlang eingebaut wurde genannt. Ein Fahrzeug mit dieser Schaltung, konnten nicht einmal KFZ-Mechaniker ohne Einweisung oder vorheriges Lesen der Betriebsanleitung fortbewegen, allerdings potentielle Diebe auch nicht! Der gleiche Unfug passiert zurzeit bei vielen Neuwagen mit den Startvorrichtungen, so muss man sie wohl inzwischen betiteln, denn der bewährte, einfache Zündschlüssel tut es nicht mehr. Ja noch schlimmer, sie kommen in Ihr Fahrzeug nicht mal mehr ohne Automechaniker hinein, wenn die Elektronik spinnt. Da ist nicht mal mehr ein Schloss und ein Schlüssel vorhanden. Ich würde den Herstellern empfehlen im Innenraum einen Scheibenhammer zum Zertrümmern der Seitenscheiben anzubringen, damit man notfalls noch heraus kommt.

Wenn ich den BMW meiner Tochter mal zufällig benutze, gelingt es mir gerade noch, den Hightech-Boiliden auf der Straße zu bewegen, alles andere, wie Scheibenwischer, Radio, Navi oder Klimaanlage, sind für mich eine Blackbox. Schöne neue Autowelt? Hersteller erklären zu dieser Misere: Das können sie alles in der Bedienungsanleitung nachlesen. Das ist nicht zu Lachen, doch traurig aber wahr. Die Technik eines „modernen Fahrzeugs" zu studieren und kennenzulernen, kostes inzwischen mehr Aufwand, als einen Führerschein zu machen. Ich möchte bestimmt nicht zurück in die „Autosteinzeit", aber zurück zu mehr, sich selbserklärenden Bedienungsstrukturen in den Fahrzeugen. Sonst benötigen wir demnächst noch zum Einsteigen ins Fahrzeug eine Bedienungsanleitung, worin Sie erfahren, dass Sie vorher den Hut abnehmen und den Kopf einziehen müssen. Dazu benötigt man bei den „modernen" tiefer gelegten, mit Schießscharten-Fenstern ausgerüsteten CW-Wert Spritsparern, sowieso einen Schuhlöffel. Ich bin schon mal gespannt, wann wir mit einen Schleudersitz rechnen dürfen.

Alle Verkehrszeichen in Deutschland
Allgemeine Gefahrzeichen (Schilder mit rotem Rand)

Zeichen 101
Gefahrstelle

Zeichen 102
Kreuzung
oder Einmün-
dung

Zeichen 103
Kurve

Zeichen 105
Doppelkurve

Zeichen 108
Gefälle

Zeichen 110
Steigung

Zeichen 112
Unebene
Fahrbahn

Zeichen 114
Schleuder- oder
Rutschgefahr

Zeichen 117
Seitenwind

Zeichen 120
Verengte Fahr-
bahn

Zeichen 121
einseitig ver-
engte Fahr-
bahn

Zeichen 123
Arbeitsstelle

Zeichen 124
Stau

Zeichen 125
Gegenverkehr

Zeichen 131
Lichtzeichen-
anlage

Zeichen 133
Fußgänger

Besondere Gefahrzeichen vor Übergängen von Schienenbahnen mit Vorrang (Schilder mit rotem Rand)

Zeichen 151
Bahnübergang

Zeichen 156
Bahnübergang
mit dreistreifi-
ger Bake

Zeichen 159
Zweistreifige
Bake

Zeichen 162
Einstreifige
Bake

Wartegebote und Haltgebote (Schilder mit rotem Rand)

Zeichen 201
Andreaskreuz

Zeichen 205
Vorfahrt gewähren.

Zeichen 206
Halt. Vorfahrt gewähren.

Zeichen 208
Vorrang des Gegen-
verkehrs

Vorgeschriebene Fahrtrichtungen (Schilder blau)

Zeichen 209
Rechts

Zeichen 211
Hier rechts

Zeichen 214
Geradeaus
oder rechts

Zeichen 215
Kreisverkehr

Zeichen 220
Einbahnstraße

Vorgeschriebene Vorbeifahrt (Schilder blau)

Zeichen 222
Rechts vorbei

Seitenstreifen als Fahrstreifen, Haltestellen und Taxenstände (Schilder blau)

Zeichen 223.1
Seitenstreifen
befahren

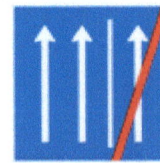

Zeichen 223.2
Seitenstreifen
nicht mehr be-
fahren

Zeichen 223.3
Seitenstreifen
räumen

Zeichen 224
Haltestelle
(gelb/grünes Schild)

Zeichen 229
Taxenstand

Sonderwege (Schilder blau)

Zeichen 237
Radweg

Zei-
chen 238
Reitweg

Zeichen 239
Gehweg

Zeichen 240
Gemeinsamer
Geh- und Radweg

Zeichen 241
Getrennter Rad-
und Gehweg

Zeichen 242.1
Beginn Fußgänger-
zone

Zeichen 242.2
Ende einer Fuß-
gängerzone

Zeichen 244.1
Beginn einer Fahr-
radstraße

Verkehrsverbote (Schilder mit rotem Rand)

Zeichen 250
Verbot für Fahr-
zeuge aller Art

Zeichen 251
Verbot für Kraft-
wagen

Zeichen 253
Verbot für Kraftfahr-
zeuge
über 3,5 t

Zeichen 254
Verbot für Radverke

Zeichen 255
Verbot für Kraft-
räder

Zeichen 259
Verbot für Fußgänger

Zeichen 260
Verbot für
Kraft-fahr-
zeuge

Zeichen 261
Verbot für kenn-
zeichnungspflich-
tige Kraftfahr-
zeuge mit gefährli-
chen Gütern

Zeichen 262
Tatsächliche
Masse

Zeichen 263
Tatsächliche Achslast

Zeichen 264
Tatsächliche
Breite

Zeichen 265
Tatsächliche Höhe

Zeichen 266
Tatsächliche
Länge

Zeichen 267
Verbot der Einfahrt

Zeichen 268
Schneeketten vor-
geschrieben

Zeichen 269
Verbot für Fahr-
zeuge
mit
wassergefähr-
dender Ladung

Zeichen 270.1
Beginn einer Ver-
kehrsverbotszone zur
Verminderung schäd-
licher Luftverunreini-
gung in einer Zone

Zeichen 270.2
Ende einer Ver-
kehrsverbots-
zone zur Ver-
minderung
schädlicher
Luftverunreini-
gung in einer
Zone

Geschwindigkeitsbeschränkungen und Überholverbote

Zeichen 274
Zulässige Höchstgeschwin-
digkeit (roter Rand)

Zeichen 274.1
Beginn einer
Tempo 30-Zone
(roter Rand)

Zeichen 274.2
Ende einer Tempo
30-Zone
(Schild grau)

Zeichen 275
Vorgeschriebene Mindestgeschwindigkeit
(Schild blau)

Zeichen 276
Überholverbot für Kraftfahrzeuge aller Art
(roter Rand)

Zeichen 277
Überholverbot für Kraftfahrzeuge über 3,5 t
(roter Rand)

Zeichen 278
Ende der zulässigen Höchstgeschwindigkeit
(Schild schwarz/weiß)

Zeichen 279
Ende der vorgeschriebenen Mindestgeschwindigkeit
(Schild blau)

Zeichen 280
Ende des Überholverbots für Kraftfahrzeuge aller Art
(Schild schwarz/weiß)

Zeichen 281
Ende des Überholverbots für Kraftfahr zeuge über 3,5 t
(Schild Schwarz/weiß)

Zeichen 282
Ende sämtlicher streckenbezogener Geschwindig-keitsbeschränkungen und Überholverbote
(Schild schwarz/weiß)

Halt- und Parkverbote (Rand rot - innen blau)

Zeichen 283
Absolutes Haltverbot

Zeichen 286
Eingeschränktes Haltverbot

Zeichen 290.1
Beginn eines Eingeschränkten
Haltverbots für eine Zone

Zeichen 290.2
Ende eines eingeschränkten
Haltverbotes für eine Zone
(Schild schwarz/weiß)

Markierungen (Schilder grau)

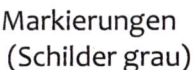

Zeichen 293
Fußgängerüberweg

Zeichen 294
Haltlinie

Zeichen 295
Fahrstreifenbegren-
zung und Fahrbahn-
begrenzung

Zeichen 296
Einseitige Fahrstreifenbegrenzung

Zeichen 297
Pfeilmarkierungen

Zeichen 297.1
Vorankündigungs-
pfeil

Zeichen 298
Sperrfläche

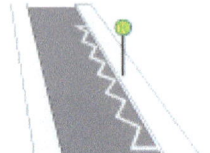

Zeichen 299 Grenz-
markierung für
für Halt- oder Parkver-
bote

Vorrangzeichen

Zeichen 301
Vorfahrt
(Rand rot innen
schwarz/weiß)

Zeichen 306
Vorfahrtstraße
(Rand weiß in-
nen gelb)

Zeichen 307
Ende der Vorfahrt-
straße
(Rand weiß innen
gelb)

Zeichen 308
Vorrang vor dem Ge-
genverkehr (Feld
blau, linker Pfeil rot,
rechter weiß)

Ortstafel (Schilder gelb)

Zeichen 310
Ortstafel Vorderseite
(Schilder gelb, Schrift schwarz)

Zeichen 311
Ortstafel Rückseite

Parken (Schilder blau)

Zeichen 314
Parken erlaubt

Zeichen 314.1
Beginn einer Park-
raum-bewirtschaf-
tungs-zone

Zeichen 314.2
Ende einer Park-
raum-bewirtschaf-
tungs
zone

Zeichen 315
Parken auf
Gehwegen
erlaubt

Verkehrsberuhigter Bereich (Schilder blau)

Zeichen 325.1
Beginn eines
verkehrsberuhigten
Bereichs 5 km/h

Zeichen 325.2
Ende eines
verkehrsberuhigten Bereichs
gleichzeitig Stoppstelle

Abschnitt 5 Tunnel (Rand blau)

Zeichen 327
Tunnel

Nothalte- und Pannenbucht (Rand blau)

Zeichen 328
Nothalte- und Pannenbucht

Autobahnen und Kraftfahrstraßen (Schilder blau)

Zeichen 330.1
Autobahn

Zeichen 330.2
Ende der Autobahn

Zeichen 331.1
Kraftfahr-
straße

Zeichen 331.2
Ende der Kraft-
fahrstraße

Zeichen 333
Ausfahrt von der
Autobahn

Zeichen 450
Ankündigungsbake

Abschnitt 8 Markierungen (Schilder grau/schwarz)

Zeichen 340
Leitlinie

Zeichen 341
Wartelinie

Abschnitt 9 Hinweise (Schilder blau)

Zeichen 350
Fußgängerüberweg
(Schild blau)

Zeichen 354
Wasserschutzge-
biet
(Schild blau)

Zeichen 356
Verkehrshelfer
(Schild blau)

Zeichen 357
Sackgasse
(Schild blau, Bal-
ken rot)

Zeichen 358
Erste Hilfe
(Rand blau, Kreuz
rot)

Zeichen 363
Polizei (Rand blau)

Zeichen 385
Ortshinweista
fel
(Schild grün)

Zeichen 386.1
Touristischer
Hinweis
(Schild braun)

Zeichen 386.2
Touristische Route
(Schild braun)

Zeichen 386.3
Touristische Unter-
richtung-stafel
(Schild braun)

Zeichen 390
Mautpflicht nach
dem Bundesfern-
straßen-mautge-
setz

Zeichen 391
Mautpflichtige Stre-
cke

Zeichen 392
Zollstelle

(Ränder rot)

Zeichen 394
Laternenring
(weiß/rot/weiß)

Zeichen 393
Informationstafel
an Grenzüber-
gangsstellen
(Schild blau)

Wegweisung

Zeichen 401
Bundesstraßen
(Schild gelb)

Zeichen 405
Autobahnen
(Schild blau)

Zeichen 406
Knotenpunk
te der Autobah-
nen

Zeichen 410
Europastraßen
(Schild grün)

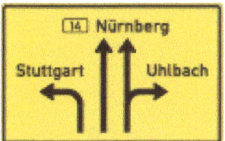

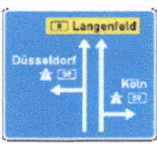

Zeichen 438
(Schild gelb)

Zeichen 439
(Schild gelb)

Zeichen 440
(Schild blau)

Zeichen 441
(Schild blau)

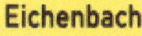

Zeichen 415
(Schild ergelb)

Zeichen 418

Zeichen 419

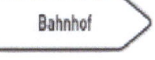

Zeichen 430
(Schild blau)

Zeichen 432
(Schild weiß)

Zei-
chen 434
(Schid gelb)

Zeichen 332.1
(Schild gelb)

Zeichen 437

Zeichen 448
(Schild blau)

Zeichen 448.1
(Schild blau)

Zeichen 449
(Schild blau)

Zeichen 332
(Schild blau)

Zeichen 453
(Schild blau)

Umleitungsbeschilderung

Zeichen 421
(Schilder gelb)

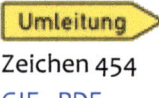

Zeichen 454
GIF - PDF

Zeichen 442
Vorweg-wei-
ser

Zeichen 422

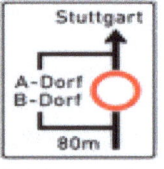

Zeichen 457.1

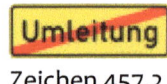

Zeichen 457.2

Zeichen 455.1

Zeichen 458

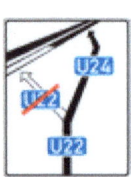

Zeichen 455.2

Zeichen 460
Bedarfsumleitung
(Schild blau)

Zeichen 466
Weiterführende
Bedarfsumleitung
(Schild weiß)

Sonstige Verkehrsführung (Schilder weiß)

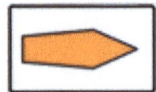

Zeichen 467.1
Umlenkungspfeil

Zeichen 467.2

Zeichen 501
Überleitungstafel

Zeichen 531

Zeichen 590
Blockumfahrung

Einrichtungen zur Kennzeichnung von Arbeits- und Unfallstellen oder sonstigen vorübergehenden Hindernissen (Schilder weiß/rot)

Zeichen 600
Absperrschranke

Zeichen 605
Leitbake
Pfeilbake /
Schraffenbake

Zeichen 628
Leitschwelle
mit Pfeilbake /
mit Schraffen-
bake

Zeichen 629
Leitbord
mit Pfeilbake/
mit Schraffen-
bake

Zeichen 610
Leitkegel

Zeichen 615
Fahrbare Absperrtafel

Zeichen 616
Fahrbare Absperr-
tafel mit Blinkpfeil

Einrichtungen zur Kennzeichnung von dauerhaften Hindernissen oder sonstigen gefährlichen Stellen (Schilder rot)

Zeichen 625
Richtungstafel in Kurven

Zeichen 626
Leitplatte

Zeichen 627
Leitmal

Einrichtung zur Kennzeichnung des Straßenverlaufs (Pfosten weiß/schwarz)

Zeichen 620
Leitpfosten (links)

Zeichen 620
Leitpfosten (rechts)

Warntafel zur Kennzeichnung von Fahrzeugen und Anhängern bei Dunkelheit

Zeichen 630
Parkwarntafel (Schild weiß/rot)

Zusatzzeichen (Zeichen 1000 - 1059 Schilder scharz/weiß)

Zeichen 1000-32
Radfahrer kreuzen
von links und
rechts

Zeichen 1000-33
Radfahrer im Gegenver-
kehr

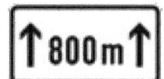

Zeichen 1001-30
auf ...m

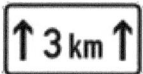

Zeichen 1001-31
auf ...km

Zeichen 1002-10
Verlauf der Vor-
fahrtstraße an
Kreuzungen (von
unten nach links)

Zeichen 1002-21
Verlauf der Vorfahrt-
straße an Kreuzungen
(von oben nach rechts)

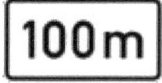

Zeichen 1004-30
nach 100 m

Zeichen 1004-31
Halt nach 100 m

Zeichen 1010-10
erlaubt Kindern
auch auf der Fahr-
bahn und dem Sei-
tenstreifen zu spie-
len

Zeichen 1010-11
Wintersport erlaubt

Zeichen 1022-10
Radfahrer frei

Zeichen 1030-10
Vom Verkehrs-
verbot bei er-
höhter Schad-
stoffkonzentra-
tion ausgenom-
mene Kraftfahr-
zeuge frei

Zeichen 1052-38

Durchgangs-
verkehr

Zeichen 1053-38
Durchgangs

Durchgangs-
verkehr

Zeichen 1053-38
Kraftomnibusse

schlechter Fahr- verkehr   und Personen-
bahnrand   kraftwagen mit
                                             Anhänger

Sinnbilder (schwarz)

Radfahrer   Kraftfahrzeuge
mit einem zulässi-
gen
Gesamtgewicht
über
3,5 t, einschließlich
ihrer Anhänger, und
Zugmaschinen, aus
genommen Perso-
nenkraftwagen und
Kraftomnibusse

       Reiter   Viehtrieb, Tiere   Straßenbahn
Fußgänger

              Personen-
Kraftomnibus   kraftwagen   Personenkraftwa-   Lastkraftwagen
                           gen mit Anhänger   mit Anhänger

Kraftfahrzeuge
und Züge, die
nicht schneller
als 25 km/h fah-
ren können oder
dürfen

Krafträder,   Mofas
auch mit Beiwa-
gen, Kleinkraft-
räder und Mo-
fas

Autobahnaus-
fahrt

Autobahnkreuz

Ohne Blinker in die abknickende Vorfahrtstraße

Eine der schwersten Sünden ist, wenn man die Fahrtrichtung nicht anzeigt. Sie werden es selber schon beobachtet haben, da fährt ein Zeitgenosse vor ihnen durch die ganze Stadt, ohne ein einziges Mal den Blinker zu betätigen, es ist nicht zu fassen, aber der merkt das nicht einmal, wenn er in Kreisverkehre hineinfährt und dann beim Ausfahren den Blinker nicht betätigt. Ja hat dieser Mensch sich nicht selber schon oft genug darüber geärgert, wenn andere nicht anzeigen, wo sie aus dem Kreisverkehr ausfahren wollen. Es ist zum verrückt werden, da steht man und wartet, man könnte einfahren, aber da kommt einer in den Kreisel hinein, man weiß nicht, was er vorhat, fährt er raus, oder weiter, nein, er blinkt nicht und fährt doch raus! Die gleiche Situation ergibt sich regelmäßig, wenn jemand an einer unterberechtigten Straße anhält, um den vorfahrtsberechtigten Verkehr durchzulassen und im letzten Moment biegt einer von links kommend nach rechts ab. Die ganze Kreuzung ist frei, ja da wäre man schon längst losgefahren, aber leider konnte man ja nicht wissen, wo der hinwill. Ein großer Irrtum besteht bei den meisten Fahrern darin, dass sie an großzügig abgerundeten Rechts- und Linkskurven nicht mehr blinken, sie meinen überhaupt nicht abzubiegen. Da steht man als Fußgänger, oder Radfahrer an einer Abzweigung und muss warten, wo so ein Nicht-Blinker hinwill, na, denkt man, jetzt biegt er ab, ne er fährt doch die langgezogene Kurve weiter und guckt dich noch blöd an. Bei abknickenden Vorfahrtsstraßen meinen die weitaus meisten Fahrer sie müssten beim Geradeausfahren blinken? Nein, man muss blinken, wenn man der abknickenden Vorfahrtsstraße folgen will. Im oberen Beispiel rechts blinken, beim Geradeausfahren nicht blinken und beim Linksabbiegen links blinken. Natürlich hat der von rechts kommende die Vorfahrt, wenn man die Vorfahrtstraße verlassen möchte und gerade aus oder links fahren will. Aber der von rechts kommende blinkt natürlich auch nicht. So entsteht Chaos und keiner weiß nun wie es weitergeht. Alle müssen warten, weil nicht ersichtlich ist, wo der von rechts Kommende hinwill.

Hallo, wenn Sie zu diesen Spezialisten gehören sollten, dann machen Sie sich bitte klar, dass auch „Nichtblinken" bei Unfällen eine Mitschuld auslöst und das kann unter Umständen teuer werden, wenn z. B. die Versicherung Ihren Schaden nicht voll anerkennt. Das passiert regelmäßig dann, wenn die Polizei den Unfall aufgenommen hat und der Unfallgegner diesen Regelverstoß gemeldet hat. Also gewöhnen Sie sich das Nichtblinken ab und nicht an. Bei meiner Führerscheinprüfung fuhr eine Mitprüfling hervorragend durch die ganze Stadt, vergas aber öfters den Blinker zu betätigen. Natürlich hatten wir anderen drei, der Fahrlehrer, der Prüfer und ich das bemerkt. Der Prüfer ließ ihn anhalten um „sich etwas zu notieren", wie er sagte und dann: Fahren Sie bitte weiter. Mir war klar, dass er es der Aufregung des Prülings zuschrieb, deshalb schickter er ihn nochmal um mehrere rechts- und links Abzweige und Kurven. Als er den Fehler widerholte, war er dann endgültig durchgefallen. Ja, so kanns gehen, mann beherrscht ein Fahrzeug erst, wenn man auch das wichtigste Instrument der Richtungsanzeige im Straßenverkehr ordnungsgemäß anwendet, denn trotz aller modernen digitalen Neuerungen in der Fahrzeugtehnik, das Gedankenlesen ist noch nicht erfunden worden.

Die Rückspiegel Systeme

Heutzutage ist die Beobachtung des rückwärtigen Verkehrs hinter dem Fahrzeug genauso wichtig wie das, was vorn passiert. Eine alte Fahrerweisheit besagt: Erst einmal Rundumblick, dann fahren! Die meisten Fahrzeuge werden links mit einem Toten-Winkel-Spiegel ausgerüstet. Der Mittelspiegel blendet selbsttätig ab, wenn hinten Fahrzeuglichter auftauchen. Beim rechten Spiegel fehlt fast immer der Tote-Winkel-Zusatz-Spiegel. Dabei ist der genauso wichtig wie der Linke. Man kommt immer wieder in eine Rechtsabbiege Situationen, in der man rechts überholt wird, wenn man nicht gleich in die Abbiegespur einfährt. Verschläft man das Abbiegen ein paar zehntel Sekunden lang, ist schon ein anderer in der Abbiegespur rechts daneben. Wenn man den übersieht - na ja Sie wissen schon. Im Fahrzeug Fachhandel gibt es aber kleine Aufklebe- oder Aufsatzspiegel, die den toten Winkel ausleuchten. Man sieht manchmal auch Fahrzeuge mit einem dreigeteilten Mittelspiegel, der die ganze Rückseite mit ausleuchtet. Moderne Großfahrzeuge, LKW's, Busse und Wohnmobile, werden mit Doppelten-Rückfahrkameras ausgestattet. Der Fahrer hat einen Monitor im Führerhaus, der die gesamte Rückseite des Fahrzeugs ausleuchtet. Die zweite Kamera ist so eingestellt, dass nur der kurze hintere Bereich sichtbar wird. Sobald man den Rückwärtsgang einlegt, schaltet der Monitor sich auf die zweite Kamera um, und man sieht, was knapp hinter dem Fahrzeug passiert.

Nun sollte man meinen, dass so ausgestattet dem Fahrer nichts mehr entgeht, das stimmt nur, wenn man sich den sogenannten Spiegel- und Vorausblick angewöhnt hat. Das heißt, alle fünf Sekunden in die drei Spiegel schauen, wenn sich beim nächsten Spiegelcheck etwas verändert hat, also ein Fahrzeug fehlt heißt das: „Achtung, wo ist es geblieben", das andere Fahrzeug, eben war es doch noch da? Mit einem erneuten Rundblick sollte man sich darüber Klarheit verschaffen, bevor man seine eigene Fahrsituation verändert.

Die richtige Einstellung zum Fahren

Mit der Zeit sammelt man dann eine Menge Strafzettel und Flens-burg-Punkte ein, bei manchen reicht es zum Führerschein- Entzug. Was sollten wir daraus lernen? Eigentlich, dass wir lebenslang fahren lernen müssen, dass wir uns ein konsequentes Autofahrer-Überle-benstraining anerziehen müssen. Was bedeutet das in der Praxis? Wir sollten uns für jede mögliche Verkehrssituation eine Fahrtaktik zu-rechtlegen. Nun werden Sie sagen: Das ist unmöglich. Ja natürlich ist es für den Fahranfänger schwer sich das vorstellen zu können. Aber, da gibt es ja die alten „Hasen", die haben manchmal 50 und mehr Jahre Fahrpraxis und mehrere Millionen Kilometer auf dem Buckel und das oft noch ohne einen einzigen selbst verschuldeten Unfall. Nur sehr wenige kommen in die Königsklasse und erreichen diese Marge ganz ohne Unfall.

Wie erreiche ich nun eine solche glanzvolle Autofahrer-Karriere, auf die man auch richtig stolz sein darf. Man bemüht sich im Verkehrsge-schehen immer besser zu fahren und hofft, dass man die Zeitspanne in der man keinen Unfall hat, weiter verlängern kann. Hat man dann sehr lange keinen Unfall gehabt, erwartet man ja eigentlich, dass es nun bald mal passieren müsste! Weil der Zeitraum der ohne Unfall ab-läuft sich immer weiter verlängert, wird ein Unfall eigentlich immer wahrscheinlicher. Aber es passiert eben nichts, so jedenfalls fragte ich mich eines Tages, warum passiert >Es< nicht. Ganz einfach, weil man mit wachsender Fahr- und Verkehrserfahrung immer mehr Situationen besser und vorausschauend einzuschätzen lernt. So wie ein Kind lernt, sich auf die Gefahren seiner Umwelt einzustellen, lernt auch der Auto-anfänger im Verkehrsgewühl zurecht zu kommen. Ich fahre seit 1959 und habe ungefähr zwei Millionen km abgespult. Ich gehöre zu der Ka-tegorie „Anfänger Blechschaden", dann ein schwerer Unfall ohne Per-sonenschaden, weil eine Dame, die im Nigel Nagel, neuem Automatik-Mercedes ihres Direktorgatten fuhr, das Gaspedal mit der Bremse ver-wechselt hatte und aus der Kurve kommend in mein Fahrzeug rein schoss. In der Mitte meines Autofahrerlebens dann, ein weiterer selbst verschuldeter „kleiner Blechschaden". Strafzettel jedes Jahr ein oder zwei kleine Knöllchen durch Radarfallen. Seit es die km Piper der

Navis gibt, keine Strafzettel mehr wegen leichten Überschreitungen. Flensburg-Punkte: Vor 35 Jahren eine rote Ampel überfahren, drei Punkte. In den letzten Jahren überhaupt keine Strafzettel mehr, man lässt sich eben im Alter auch immer mehr Zeit beim Fahren. Meine Frau fährt seit 1960 und schaffte es in der gleichen Zeit auf einen nicht selber verschuldeten Totalschaden, durch eine hinten auffahrende, unaufmerksame Autofrau. Strafzettel und Punkte: Null, das kann sich doch sehen lassen. Was zeigt uns das? Es ist sehr wohl möglich sauber und ohne schwere Unfälle durchs Autoleben zu kommen. Den oben geschilderten Unfall hat die Dame und wahrscheinlich auch ich nur überlebt, weil ich den Gegenverkehr immer sehr genau im Blick behalte und deshalb mein Fahrzeug schon Bruchteile vor dem Aufprall zum Stehen brachte. Die Polizei fragte mich dann, warum ich nicht gebremst hätte? Was, nicht gebremst, wir sahen uns die Unfallstelle noch mal genau an. Alle waren sehr erstaunt, dass mich das gegnerische Fahrzeug ca. 15 Meter über meine eigene Bremsspur zurückgeschoben hatte, obwohl ich weiterhin mit aller Kraft auf der Bremse gestanden hatte. Warum ich diesen Unfall so ausführlich schildere? Er ist ein Paradebeispiel für die erste und wichtigste Überlebens-Strategie. >Immer den Gegenverkehr und in den Spiegeln den rückwärtigen Verkehr aufmerksam beobachten<, das ist die allerbeste Lebensversicherung und sie kostet keinen Pfennig.

Die Verkehrsbeobachtung und das richtige Bremsverhalten

Für den Brems- und Anhalteweg gibt es eine Faustformel, sie kennen sie alle: Tachoabstand einhalten. Allerdings gilt das nur bei voller Aufmerksamkeit. Ist der Fahrer durch irgendetwas abgelenkt, reicht dieser Abstand nicht mehr und es kracht. Deshalb sollte man bei der geringsten Ablenkung sofort den Fuß vom Gaspedal nehmen und den Abstand zum Vordermann/Frau vergrößern.

Der sogenannte Anhalteweg besteht aus drei Phasen:
Der Reaktionsweg: Ist die Strecke die ein Fahrzeug zurücklegt bis der Fahrer auf der Bremse steht.

Der Bremsweg: Ist die Strecke die das Fahrzeug benötigt um zum Stillstand zu kommen.

Der Anhalteweg: Ist die Summe aus beiden.

Es kommt natürlich immer darauf an wie schnell Sie fahren, wie gut oder schlecht die Straßenverhältnisse sind und welche Reaktionszeit Sie bis zum Bremsen benötigen, wie gut Ihre Bremsen und Ihre Reifen noch sind, und was Sie geladen haben. Nicht zuletzt ob Sie abgelenkt wurden, sei es durch andere Verkehrsteilnehmer, die unerwarteten Manöver fahren oder nur durch ihre Zigarette, aus der die Glut zu Boden gefallen ist oder ob die Straße trocken, nass oder möglicherweise vereist ist. Da gibt es viele Möglichkeiten, welche den Anhalteweg verlängern.

Für die Führerscheinprüfung musste man das ausrechen können, in der Praxis hat man es vergessen. Fragt man einen beliebigen Autofahrer wie lang der Anhalteweg bei 95 km/h ist, wissen es 99 % nicht, ich auch nicht, ich bin ja auch kein Mathematiker und kann während der Fahrt keine Rechenaufgaben lösen. Deshalb schlage ich auf den oben erwähnten Tacho-Sicherheitsabstand 50% auf, das ist mein privater Sicherheitsabstand zum Vorausfahrenden. Das Einmaleins kann ja wohl jeder, also ist es ganz einfach:

Tacho 50 km/h 5 x 5 = 25 = 75 m (5 x 5 = 25 + 50 = 75 m)
oder 70 km/h 7 x 5 = 35 = 105 m (7 x 5 = 35 + 70 = 105 m)
oder 130 km/h 13 x 5 = 65 = 195 m (13 x 5 = 65 + 130 = 195 m)
oder 100 km/h 10 x 5 = 50 = 150 m (10 x 5 = 50 + 100 = 150 m)

Wie Sie sehen kommt es auf die vordere Zahl bei der Geschwindigkeit an, unter Hundert die erste Stelle, über 100 die ersten zwei Stellen x 5 + die gefahrene Geschwindigkeit. Man fragt sich nur, warum bei so viel Technik im Auto der Anhalteweg nicht elektronisch auf dem Tacho angezeigt wird?

Wie messe ich nun den Abstand zum Vordermann/Frau? Die Leitpfosten auf der Autobahn sind genau 50 m voneinander entfernt. Die meisten Länder in Europa, haben das Deutsche Model übernommen. Wenn sie nicht gut schätzen können? Ein LKW mit Anhänger ist 18,75 m lang, ein Sattelauflieger 16,50 m lang, daran können sie sich orientieren.

Grundsätzlich den Gegenverkehr beobachten!

Ständig muss man damit rechnen, dass ein Entgegenkommer ausschert, einer, der in den Sekundenschlaf gefallen ist, die Straßenseite wechselt, ein anderer im Gegenverkehr links abbiegt oder ein Kolonnen-Springer im ungeschicktesten Moment anfängt zu überholen. Plötzlich ist vor ihnen die Fahrbahn zu. Was kann der Normalfahrer in einem solchen Fall tun?

Die weitaus meisten werden eine Vollbremsung bis zum Stillstand hinlegen, die Augen zukneifen und warten bis es kracht. Ich empfehle folgendes: Scharf anbremsen, im letzten Moment vor dem Aufprall die Bremse lösen und nach rechts ausweichen! Notfalls in den Graben oder darüber hinweg, wenn vorhanden, in eine Wiese fahren. Aber nicht mehr bremsen, die Räder müssen sich weiterdrehen, lenkend das Fahrzeug eventuell zwischen den Bäumen hindurch steuern und vorsichtig zum Stillstand bringen.

Merke: Sie müssen versuchen den Wagen geradeaus zu halten, damit er sich beim Aufsetzen nicht überschlägt. Das Steuer fest in der Hand halten und den schleudernden Wagen durch Gegenlenken in der Richtung halten, und/oder Hindernissen ausweichen und ganz vorsichtig zum Stillstand bringen.

Merke: Nur mit sich drehenden Rädern, ist ein Fahrzeug lenkfähig, das gilt auch mit ABS.

Mit eigenen Augen habe ich mal beobachtet, wie ein Lieferwagenfahrer über einen Radweg hinweg, in ein Kornfeld auswich und 150 Meter einfach schnurgeradeaus weiterfuhr, weil er im Hintergrund einen Feldweg entdeckt hatte. Der Höhenunterschied zwischen Straße und Radweg betrug mindesten zwei Meter und die Sprung-Länge 10 Meter. Auf dem Feldweg angekommen, zückte er sein Handy und rief die Polizei an. Sie können sich wohl ungefähr ausrechnen, was passiert wäre, wenn er „nur" eine Vollbremsung gemacht hätte? Bei einer Vollbremsung ohne die Bremse zu lösen, wäre er in den Entgegenkommer hinein gerauscht und eventuell tot gewesen. Durch das Lösen der Bremse konnte er mit der Restgeschwindigkeit den Höhenunterschied überspringen, selbst nach dem Aufsetzen bremste er keinesfalls, sonst wäre er im Kornfeld steckengeblieben. Der Mann hatte Nerven wie Stahl, er gab sogar noch Gas um den Feldweg zu erreichen. Was lernen wir daraus?

Nur Bremsen ist nicht immer das beste Mittel der Wahl. Bremsen und Ausweichen muss man in seinen Kopf hinein hämmern und, man sollte es auf leeren Straßen oder Parkplätzen öfters ausprobieren, damit man es im Notfall auch beherrscht. Für diese Übungen besorgt man sich dann ein paar leere Pappkartons und probiert es aus, bis man es kann. Immer wieder anbremsen, Karton ausweichen, oder noch besser, man bucht einen ADAC Creshcours.

Eine weitere Option ist, bremsend bis zuletzt soweit wie möglich nach rechts fahren, Bremse lösen und dann mit zwei Rädern in die Grasnarbe fahren. Bevor die Räder ins Gras oder Bankett gelenkt werden, muss unbedingt die Bremse gelöst werden, aber keine Angst, die anderen beiden Räder halten den Wagen auf der Straße, weil sie besseren Gripp haben, aber nur wenn Sie nicht bremsen, sonst reißen die beiden linken Räder den Wagen links herum und Sie werden sich drehen, schlimmstenfalls in den Gegenverkehr reinfahren. Wenn Sie über ein ABS (Anti Blockier System) verfügen, umso besser, damit haben sie noch größere Chancen ohne Schaden durch zu kommen. Man muss dabei aber das Steuer knallhart festhalten, denn im ersten Moment reißt das rechte Vorderrad den Wagen nach rechts aus der Spur, die erste Reaktion jedes ungeübten Fahrers ist das scharfe Gegensteuern nach links. Dadurch wird das Fahrzeug dann in den Gegenverkehr oder über die Gegenfahrbahn hinwegschleudern und im Feld und Wald landen. Dass muss durch kontrolliertes leichtes Gegensteuern unbedingt verhindert werden. Also, Lenker festhalten und schön vorsichtig das Fahrzeug wieder auf die Straße bringen. Eventuell reicht dann dieser Schlenker schon, um einen kapitalen Unfall zu verhindern, denn der Entgegenkommer wird vermutlich auch soweit wie möglich ausweichen.

Zwei Frauen standen auf der linken Straßenseite auf dem Bürgersteig, weit und breit kein Auto und niemand zu sehen. Eine für den Fahrer typische Einlullsituation, trotzdem, aus welchem Grund wusste ich nicht, war ich hellwach. Auf dem Bürgersteig links zwei Frauen und rechts ein offenes Hoftürchen! Plötzlich ein kleiner Junge vor mir, ich riss den PkW bremsend nach links herum auf die Frauen zu. Die sprangen vor Schreck auf die Seite, mein Wagen drehte sich mit dem Heck quer zur Fahrbahn, ich spürte einen leichten Anprall hinten rechts. Mein PKW hatte mit dem Heck den Jungen von Fahrrad geschuppst. Er lag zwar auf der Straße, aber es war nichts weiter passiert. Er war durch die offene Tür auf die Straße gefahren und wollte zu seiner Mutter. Die Mama nahm ihn in die Arme und küsste ihn, dann haute sie ihm eine runter und sagte: Was habe ich dir immer gesagt? danach kam sie zu mir und bedankte sich herzlich. Hätte ich nur gebremst, wäre er mit

Sicherheit unter die Stoßstange gekommen. Das ist ein weiteres Beispiel für bremsen und ausweichen im Straßenverkehr.

Ein anderes Erlebnis das zum Thema passt, rettete mich und meine Frau vor Schlimmeren. Wir fuhren auf dem Weg nach Kroatien auf der Autobahn durch Slowenien, es dunkelte schon und wir wollten eine Pause machen. Plötzlich tauchte ein Parkplatz auf, ich lenkte ein… aber da waren plötzlich mehrere rote Baken quer über die Parkplatz-Einfahrt gestellt und dahinter hatten diese Wahnsinnigen mehrere Betonleitplanken quer über die Einfahrt platziert! Im Bruchteil einer Sekunde erfasste ich die Situation. Bis zu den Baken waren es noch 30 oder 40 Meter und dahinter zu den quer gestellten Leitplanken nochmal so viel Platz und ich hatte noch mehr als 100 km/h drauf. Zudem war der Parkplatz lange nicht mehr gereinigt worden, mit trockenen Ästen, Laub und Dreck versaut. Also bremste ich auf der noch trockenen Fahrbahn scharf an, löste die Bremse wieder - da war ich schon bei den Baken, der Abstand dazwischen reichte zum Durchfahren, aber das Fahrzeug wurde von den Betonplatten, in welchen die Baken steckten hochgeschleudert. Als es wieder aufsetzte erneute vorsichtige Vollbremsung unter Ausnutzung des noch vorhandenen Anhaltewegs, der ja auch voll nassem Laub war. Einen Meter vor der Betonwand kamen wir zum Stehen. Glück gehabt, ja - aber in so einer Situation darf man nichts überhasten und die verbleibenden Chancen nutzen, schief gehen kann immer noch genug, doch dann prallt man langsamer auf ein Hindernis.

Im Schwarzwald kam mir in einer Linkskurve ein BMW Lenker in meine Fahrbahn hinein schleudernd entgegen. Rechts von mir führte ein kleiner Waldweg aus der Kurve geradeaus, in dessen weiterem Verlauf ich nur die Lichtschneise, der in den Himmel ragenden Bäumen erfassen konnte. Bremsen konnte ich „noch nicht", ich musste noch Gas geben, sonst hätte der BMW mich erwischt bevor ich den Weg erreicht hatte. Also schoss ich in den Weg hinein, schon sprang der Wagen über die Kuppe in eine dahinterliegende frisch gemähte Wiese. Sie dürfen mir glauben, es gibt nichts Rutschigeres als eine frisch gemähte Wiese. Sie fiel „leider" steil nach unten ab. Ganz unten vor dem Waldrand waren die Bauern noch mit dem Aufladen der letzten Heuballen beschäftigt.

Erst als ich hupte wurden sie aufmerksam und sprangen aus meiner „Schussrichtung". Der Wagen rutschte und rutschte 50 m 80 m 100 m immer weiter auf den Erntewagen zu. Da hilft auch kein noch so vorsichtiges Bremsen, da hilft nur eines: Nerven behalten ganz vorsichtig weiterbremsen, immer so, dass der Wagen in der Spur bleibt. Den Aufprall auf den Erntewagen erwartend versuchte ich ihm auszuweichen und es gelang mir dann auch irgendwie.

Auf der Autobahn bremsten plötzlich alle, da ich vor mir noch genügend Platz hatte, bremste ich langsamer, auch um den Nachfolgenden noch etwas mehr Zeit zum Bremsen zu geben. Plötzlich quietschten Bremsen hinter mir, da ich in solchen Situationen immer ein Auge im Rückspiegel habe, konnte ich erkennen, dass es diesem Fahrer nicht mehr reichen würde. Schon lange hatte ich mir einprogrammiert in solchen Fällen rechts auf die Standspur auszuweichen. Kaum war ich drüben, kam der bremsquietschende PKW links neben mir zum Stehen. Der Fahrer stieg dann aus und bedankte sich für meine nicht ganz alltägliche Reaktion. All diese Erlebnisse bestätigten mir immer wieder meine ganz private Devise:

Nach vorn Abstand halten, - Abstand bedeutet im Ernstfall Zeitgewinn für die richtigen Reaktionen z. B. kontrolliertes Bremsen und Ausweichen.

Der Schleuderkurs

Der ADAC bietet Schleuderkurse an, aber leider nehmen nur sehr wenige daran teil, ich auch nicht, ich habe meinen Schleuderkurs auf den Straßen gemacht, >learning by doing< doch bis man es kann, könnte es schon zu spät sein, deshalb gehen Sie hin, es macht richtig Spaß mal mit dem Auto herumzuspielen und man bekommt ein besseres Gefühl für das Fahr- und Rutschverhalten. Ja, man erschrickt nicht gleich, wenn das Auto mal außer Kontrolle gerät und reagiert im Ernstfall schnell und richtig. Zunächst müssen Sie wissen, ob ihr Fahrzeug einen Front- oder Heckantrieb hat. Kleinwagen werden meistens einen Frontantrieb besitzen, bei diesem System wird der Wagen von den Vorderrädern „gezogen", der Vorteil liegt darin, dass ein gezogener Wagen nicht so schnell aus der Spur läuft, aber die Traktion etwas schlechter ist. Das merken Sie dann beim Schnellstart an der Ampel, wenn die Straße nass ist, dann drehen die Vorder-Räder durch. Wenn aber der Wagen bei Eis- und Schneeglätte aus der Spur rutscht und Sie geben leicht Gas, richtet er sich wieder aus. Der Heckantrieb wird indessen über die Hinterräder noch weiter ausbrechen. Sein Vorteil kommt dann zur Geltung, wenn Sie mal in einer Wiese steckenbleiben. Größere Wagen sind eigentlich immer mit einem Heckantrieb ausgestattet. Das hat mit der besseren Gewichtsverteilung und der Traktion zu tun. Vorn Motor, hinten Differential-Ausgleichsgetriebe. Wenn sie also mal mit einem Vorderrad angetriebenen Fahrzeug steckenbleiben, immer versuchen rückwärts herauszufahren.

Hier kommt das sogenannte Herausschaukeln zur Anwendung. Im Fernsehen ist es oft zu sehen, ein Fahrzeug bleibt stecken und nun wird Gas gegeben. Die Räder drehen durch und graben sich ein. Falsch, - wenn die Räder durchdrehen, sofort Gas weg. Aussteigen und erst einmal die Situation abchecken. Untergrund prüfen, ist es besser, es vorwärts oder rückwärts zu versuchen. Wie komme ich wieder raus. Eventuell Fußmatten vor oder hinter die Räder legen, die kommen danach in den Kofferraum und werden zuhause wieder geputzt. Mitfahrer einweisen und dann auf Zuruf „jetzt" zum koordinierten Schieben einsetzen. Das Herausschaukeln macht man, indem man den Wagen kurz anfährt und ihn wieder in die „Kuhle" zurückfallen lässt, dann wieder kurz anfahren, der Wagen kommt immer noch nicht über den Kipppunkt, wieder zurückfallen lassen und noch mal hoch. Wenn die Schiebenden diesen Rhythmus mit einhalten, gelingt es meistens die Räder auf die Fußmatten zu bekommen, nun sollte der Fahrer den Rädern auf der Matte Gelegenheit zum Gripp fassen geben, das heißt mit gemäßigten Gaspedal auf der sehr kurzen Matte den Schwung ausnutzen und dann sehr, sehr vorsichtig, damit die Räder nicht wieder durchdrehen auf eine Straße oder feste Fläche weiterfahren. Die Situation ist erschwert, weil die Spurrillen in den Reifen meistens mit Dreck zugeschmiert sind. Der ganze Vorgang ist so komplex, dass es meistens auf das Fahrgefühl und die Erfahrung des Fahrers und die genaue Instruktion der Schiebenden ankommt, ob man das Fahrzeug wieder flottbekommt. Deshalb immer den erfahrensten Fahrer, so man einen an Bord hat, einsetzen.

Geländewagen, die sogenannten Offroader haben immer Allradantrieb, das heißt im Straßenverkehr fahren sie mit Heckantrieb und im Gelände kann man die Vorderräder für den Antrieb zuschalten. Audi und andere bauen den permanenten Allradantrieb in viele Fahrzeuge ein. Hier wird die Motorleistung elektronisch gesteuert, auf alle vier Räder verteilt. Das ist natürlich die Königsklasse des Antriebs, denn jedes Rad bekommt nur so viel Antriebsleistung zugeteilt, wie es benötigt, dreht es durch, geht die Kraft an die anderen Räder. Moderne Elektroautos werden oft über alle Räder mittels Elektromotoren angetrieben.

Das Kurvenverhalten. Beim Einlenken in eine Kurve, verlagert sich der Schwerpunkt des Fahrzeugs auf das in der Außenkurve rollende Vorderrad. Je nach Belastung knicken die Federbeine ein. Wird die Belastungsgrenze der Reifenaufstandsflächen überschritten, driftet das Fahrzeug nach außen. Bei weiterer Belastung schiebt das Fahrzeug weiter nach außen.

Reagiert der Fahrer nicht mit der Lenkung, indem er den Kurvenradius vergrößert, hebt das diagonal gegenüberliegende Hinterrad ab. Danach kippt das ganze Fahrzeug auf zwei Räder hoch und dann erfolgt ein Überschlag.

Kurvenradien:

Grün (die mittlere Linie) ist die ideale Komfort-Ansteuerung, natürlich darf man nur auf einer Fahrbahnseite fahren! Blau ist die schlechteste Variante und kann schnell dazu führen, dass am Ende der Kurve „die Straße ausgeht". Hellblau ist die schnellste Variante, so fahren die Formel 1 Piloten.

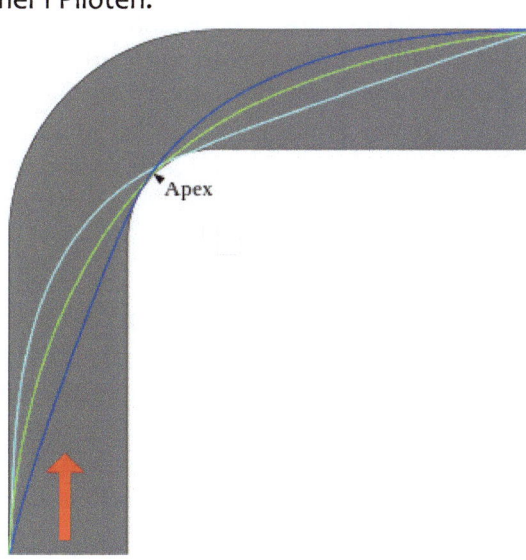

Apex

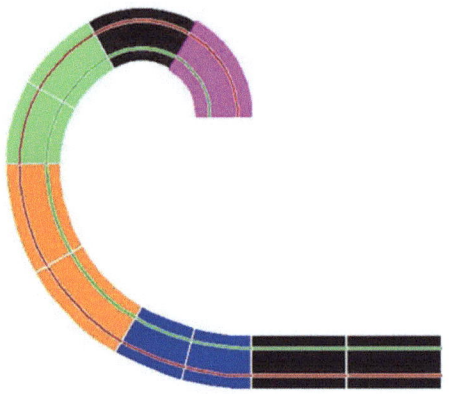

Die Hundekurve wurde nach dem Jäger mit seinem Hund so benannt. Der Jäger läuft auf einem Weg eine Rechtskurve, sein Hund bleibt etwas zurück. Nach einigen Minuten pfeift der Jäger nach dem Hund und der läuft dann den kürzesten Weg in Richtung des Jägers, schräg durch den Wald. Natürlich sieht er den Jäger nicht, er richtet sich nach dem Pfiff. Der Jäger läuft inzwischen in seinem Kurvenradius weiter. Jetzt pfeift der Jäger wieder und der Hund muss nun noch weiter nach rechts halten und kommt dort an, wo der Jäger gerade noch lief, jetzt schon im lichten Wald sieht er ihn, so beschreibt er eine immer enger werdende Kurve, bis er auf den Jäger trifft. Was für den Hund kein Problem darstellt, kann für den Autofahrer leicht zu einem Abflug von der Straße führen, weil die Kurve immer enger wird und das Fahrzeug dann irgendwann ausbricht, falls er die Geschwindigkeit beibehält. Also Vorsicht bei unübersehbaren Kurven, manche enden auf dem Friedhof.

Aquaplaning entsteht bei starken Regengüssen oder beim Durchfahren von Pfützen und überhaupt immer, wenn zuviel Wasser auf der Straße ist, dass nicht schnell genug abfließen kann. Dann können die Reifen, die auf das Wasser auftreffen, mit ihren Rillen die Wasserflut nicht schnell genug verdrängen. Sie schwimmen auf und fangen an zu rutschen, verlieren die Bodenhaftung und der Fahrer verliert die Kontrolle über sein Fahrzeug, er kann sein Lenkrad mit einem kleinen Finger drehen, so leichtgängig, als wenn er fliegen würde

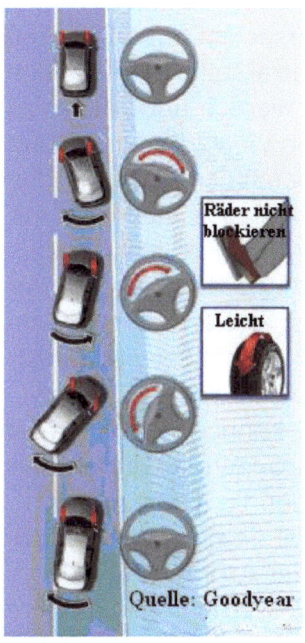

Quelle: Goodyear

Jetzt nur nicht die Nerven verlieren, Gas weg und bloß nicht bremsen, sondern das Steuer geradeaus halten, auskuppeln oder beim Automatikgetriebe auch „N" neutral stellen und abwarten, bis sich wieder ein Lenkgefühl einstellt, dann das Fahrzeug ausrichten. Stehen die Vorderräder nicht in Fahrtrichtung, haut es das Fahrzeug aus der Spur, wenn die Räder wieder „greifen". Also Lenker in die Mitte und sollte das Fahrzeug schleudern, gilt das bereits oben gesagte: Gegenlenken.

Mit dem ADAC Schleuderkurs sollte man das Training nicht beenden, das ist wie beim Sport, es muss immer wieder neu geübt werden. Dazu eignen sich manchmal vereiste, einsame Parkplätze am besten. Das Gegenlenken beim Ausbrechen des Fahrzeugs, habe ich schon an anderer Stelle behandelt, es gibt aber auch Situationen, da schleudert das Fahrzeugheck von einer auf die andere Seite, das Ganze schaukelt sich auf und am Ende überholt das Heck die Frontseite.

Das Verkehrteste was man jetzt machen kann ist bremsen. Ein solcher Fall tritt meistens bei Aquaplaning oder bei Glatteis auf, das heißt, die Räder haben keine Bodenhaftung mehr. Da hilft auch ABS, die Stotter-Bremse nicht mehr. Man kann dann noch versuchen auszukuppeln, bzw. bei Automatik die Gangschaltung auf Neutral stellen, das hat den Effekt, dass die Räder vom Antrieb getrennt werden und wieder zu rollen beginnen, vorausgesetzt, es ist noch ein wenig Bodenhaftung vorhanden. In diesem Fall erlangt das Fahrzeug mit dem Geschwindig-keitsverlust auch die Lenkfähigkeit wieder zurück und man kann mit Gegenlenken die Kontrolle zurückgewinnen. Warum soll man auskup-peln? - bzw. auf Neutral stellen? Wenn je nach Antrieb die Vorderräder oder die Hinterräder oder gar alle Räder rutschen, also keinen Grip mehr haben, werden sie natürlich durch den weiterlaufenden Motor fast zum Stillstand gebracht, dass Fahrzeug rutscht wie ein Schlitten. Erst durch die Trennung vom Antriebs-Strang, können sich die Räder wieder drehen, weil sie nun vom Straßenbelag angerollt werden. Das ist ähnlich wie bei einem Flugzeug bei der Landung, wo beim Aufset-zen der Räder eine Gummiwolke aufstiebt, weil sie sich aus dem Still-stand erst einmal anfangen, sich immer schneller zu drehen und durch den anrollenden Bodenkontakt angeschoben werden. Das modere Elektroauto benötigt keine Kupplung und auch kein Getriebe. Daher stellt sich die Frage des Auskuppelns nicht. In dem Moment, wo sie den Fuß vom Gas nehmen, laufen die Räder im Leerlauf, die Elektro-motoren werden elektronisch vom Strom getrennt. Erst wenn sie wie-der Gas geben, fließt auch wieder Strom und treibt die Räder an.

Merke: Nur ein Auto mit sich drehenden Rädern ist lenkbar. Bei ste-henden Rädern, verhält sich das Fahrzeug wie ein Schlitten. Es ge-horcht den physikalischen Gesetzen, der Geradeaus-Bewegung, der sogenannten Fliehkraft. Deshalb wurde auch die sogenannte Stotter-bremse ABS (Antiblockiersystem) entwickelt. Da können Sie bremsen wie sie wollen, wenn ein Rad keine Bodenhaftung (Grip) mehr hat, setzt sie ein und verhindert, dass die Räder durch zu starkes bremsen blockieren. Da stottern nicht immer alle Räder gleichzeitig, sondern immer nur die, wo der Gripp fehlt.

Das Fahren mit Gespannen

Wenn sie mit einem Anhänger unterwegs sind, kann es passieren, dass das ganze Gespann ins Schleudern kommt. Das passiert oft, wenn der Anhänger nur leicht beladen ist und beim Bremsen die Auflaufbremse nicht gut „anspricht". Der Anhänger bricht aus und will den Zugwagen „überholen". Dann sollten sie schnellstens von der Bremse gehen und stattdessen leicht Gas geben. Durch das Beschleunigen des Zugwagens wird der Anhänger ausgerichtet und läuft wieder in der Spur. Es kann auch passieren, dass der Anhänger zu schwer beladen wurde, dann schiebt er natürlich beim Bremsen den Zugwagen vor sich her. Das darf eigentlich nicht sein, schauen sie in ihren KFZ-Schein, da finden sie die Anhängelast und das zulässiges Gesamtgewicht des Fahrzeugs im Anhängerbetrieb. Der zu schwere Anhänger wird natürlich besser bremsen, doch ab einem bestimmten Punkt drückt er mit der Deichsel das Heck des Zugfahrzeugs seitwärts von der Straße runter. Besonders gefährlich ist es, wenn der Anhänger hinter der Achse schwerer ist als vor der Achse. Dann hebt er das Heck des Zugfahrzeugs mit der Kupplung hoch und das ganze System wird instabil. Oft sieht man bei Wohnwagen-Gespannen, dass Fahrräder auf der Deichsel des Anhängers transportiert werden. Das kann gefährlich werden, wenn die Deichsel den Zugwagen hinten zu schwer belastet, besonders wenn der Kofferraum schon voll Gepäck ist. In diesem Fall werden die Vorderräder entlastet und verlieren den Straßenkontakt.

Das Fahren bei Eis und Schnee

Wenn ich im Winter losfahre und habe den Eindruck es könnte glatt sein, schaue ich in den Rückspiegel, ist hinten frei, mache ich eine Probebremsung, erst vorsichtig und dann scharf bremsen. So kann man schnell feststellen, wie rutschig die Straße ist. Diesen Vorgang wiederhole ich öfters und an anderen Stellen, die verdächtig glatt aussehen. Komme ich trotzdem ins Rutschen, bloß nicht bremsen, es gilt dann das schon weiter oben erklärte Verfahren. Keine Panik, auskuppeln und das Fahrzeug geradeaus halten, gegenlenken und dann vorsichtig bremsen, genau in dieser Reihenfolge. Inzwischen hat ja jedes Fahrzeug eine Eisanzeige. Die sieht man kaum oder man schaut nicht hin, weil sie unnötigerweise schon bei 5° Plus aufleuchtet. Das liegt daran, dass die Kältesensoren nicht die Fahrbahntemperatur messen, sondern eher die Luft. Deshalb sollte man auch auf seine natürlichen Sensoren zurückgreifen und schon beim Einsteigen auf den Kältereiz reagieren, also merken, wir haben Frost. Schaut man sich während der Fahrt ständig die Straße und vor allem die Straßenränder genau an, erkennt man sehr wohl, wenn Gefahr im Verzug ist.

Vorsicht - bei Waldeinfahrten, hier herrschen andere Temperaturverhältnisse, oft liegt auch noch Laub vom Herbst auf der Straße, oder man hat es mit Dreck- oder Schnee-Matsch zu tun.

Vorsicht - bei Tunneleinfahrten, am Eingang sammelt sich von Fahrzeugen eingeschlepptes Wasser, Schlamm oder Schneematsch, welcher gefroren sein könnte.

Vorsicht auf Brücken, durch das unter der Brücke fehlende Erdreich gefriert es auf der Brücke schneller.

Vorsicht - beim Abbiegen, langsamer in die Kurve einlenken, wenn jetzt die Räder ausbrechen, bloß nicht bremsen, sondern nur das Gas wegnehmen und auskuppeln, dann stoppt auch der Motor nicht mehr die Räder und sie bekommen wieder Gripp - jetzt ein klitzekleines bisschen bremsen und wenn das geht hat man gewonnen und kann wieder etwas Gas geben.

Das Wichtigste bei Winterfahrten ist, den Tachoabstand auf das Doppelte erhöhen und vorsichtig - sozusagen mit Samthandschuhen lenken und bremsen.

Die Verantwortung und das Gewissen des Fahrers

Was sich jedoch die meisten nicht klarmachen, bevor sie sich ans Steuer setzen ist die Tatsache, dass man ein für andere Menschen und auch für Tiere ein sehr gefährliches Vehikel bewegt, mit dem man anderen Menschen viel Leid und Schaden zufügen kann. Leben werden zerstört, unsägliche Leiden verursacht. Jeder weiß das natürlich, trotzdem meinen viele sie hätten sieben Leben und ihnen könnte so etwas überhaupt nicht passieren. Deshalb sollte man sich vor jedem Fahrtantritt diese eine Frage stellen:

Wie kann ich unter Umständen damit weiterleben, wenn ich schuldhaft einen Menschen töte? Wie komme ich später mit meinem Gewissen klar. Jeder humanistisch eingestellte Mensch muss an dieser Stelle auf die Bremse treten, statt aufs Gaspedal. Jedes Kind, am Straßenrand, könnte mein eigenes sein, das ich gefährde, schlimmstenfalls töte. Es ist eine Horrorvorstellung, aber man muss sie klar vor Augen haben, wenn man ein guter Verkehrsteilnehmer sein will.

Der Vorteil des großen Abstandhaltens zum Vorausfahrenden besteht darin, fast jede Verkehrssituation besser im Griff zu haben. Man sieht besser, was vorn geschieht, man hat ausreichend Zeit zum Bremsen, Reagieren und vor allem unser langsamer Computer im Kopf hat ein paar Bruchteile von Sekunden mehr zur Verfügung, um eine plötzlich auftauchende Verkehrssituation neu zu berechnen, denn das System Mensch, ist von der Natur auf Geschwindigkeiten von ca. 30 km/h ausgelegt worden. Man agiert, statt zu reagieren. Habe ich aber genügend Abstand, kann ich mit meiner Bremse gelassen umgehen und es so einrichten, dass ich ganz langsam ausrollend zum Vorderen zum Stehen komme. Auch der nachfolgende Verkehr wird durch dieses verzögerte Bremsen mit ausgebremst, wird mir also nicht hinten reinfahren. Passiert es trotzdem, werde ich wohl durch den Ersten oder den Zweiten, der hinten rein kracht nach vorn geschoben, kann aber durch bremsen meistens verhindern, dass er mich auch noch in den vor mir hineinschiebt. Kann ich auch das nicht ganz verhindern, wird aber der Aufprall erheblich gemildert ausfallen.

Rechts vor links - Sie haben nur ein Leben

Witzbolde sagen ja: Rechts ist frei und links zahlt die Versicherung? Sehr fragwürdig, aber das wird leider praktiziert. Dabei hat jeder Fahrer die Pflicht, nicht nur nach rechts zu schauen ob frei ist, sondern auch nach links. Wenn ich eine Rechtsvorlinks-Kreuzung anfahre, schaue ich schon mal vorsichtshalber nach links und zwar deshalb, weil ich nach links den besseren Einsicht-Winkel in die Straße habe, denn nach rechts kann ich meistens erst sehen, wenn ich schon fast auf der Kreuzung bin. Nach dem ganz kurzen Blick nach links kommt der konzentrierte scharfe Blick nach rechts. Ist dort frei, sofort wieder nach links schauen und dann nochmal nach rechts. Mein Fahrlehrer erklärte mir das so: „Ihr Kopf muss nach vorn und auf der Kreuzung ständig nach rechts und links gehen, dann haben sie die Fahrprüfung bestanden", sagte er. Mit dieser Strategie haben Sie vier Mal die Möglichkeit einen Unfall zu verhindern. Denn es nützt ihnen überhaupt nichts, wenn Sie die Vorfahrt hatten, aber nachher im Krankenhaus, oder auf den Friedhof liegen.

Das rechts vor links Fahren wird in Deutschland kaum noch beachtet, weil nahezu 99 % aller Einmündungen und Kreuzungen mit Vorfahrtschildern oder Ampeln geregelt sind, kommt dann mal eine Stelle ohne Schilder, ist es der Raser gewohnt auf der durchgehenden Straße „sowieso die Vorfahrt zu haben". Umgekehrt verhalten sich die von rechts und links in die Kreuzung Einfahrenden genauso einfältig, sie wähnen sich ebenfalls auf der Vorfahrtsstraße und schon kracht es. Oft fahre ich auf eine unbeschilderte Kreuzung zu und beobachte Fahrer, die nicht mal mehr rechts und links schauen, einfach drüber und weiter, sie wähnen sich auf der sicheren Seite, dabei sind sie potentielle Todeskandidaten. Als Überlebensstrategie empfehle ich im Verkehrsdschungel ein grundsätzliches „rechts-links" schauen an jeder Einmündung und an jeder Kreuzung, egal wie sie beschildert oder beampelt ist. Das hilft beim Überleben und hält sie beim Fahren wach. Wird es grün, nochmal kurz rechts- links schauen und erst dann fahren. Das gilt auch für alle Ampelanlagen und für Kreisverkehre, selbst da kommen manchmal Fahrer angebraust, die das Rondell rechtsherum befahren. Bei größeren, unübersichtlichen Kreuzungen sollte man sich den „Rundumblick" angewöhnen. Dabei machen die Augen schon bevor man in die Kreuzung einfährt einen Rund-Scan, ist man ganz kurz vor dem Einfahren, wird noch einmal rundum geschaut. Hat man das mal drauf, wird man mit einiger Sicherheit fast alle möglichen Unfälle verhindern oder in ihrer Schwere abmildern können. Mein persönlicher Grundsatz lautet: Nur einmal schauen ist schlecht, zweimal schauen ist gut, dreimal ist besser.

Über den von manchen Fahrern heutzuage praktizierten Fahrstil kann man nur staunen. Manche benutzen ihr Fahrzeug als: „Jetzt komm ich Drohung. Wenn du nicht gleich Platz machst, bist du tot, also verschwinde lieber gleich, sonst werde ich ungemütlich." Sie fahren grundsätzlich Gas – Bremse, Gas – Bremse, Gas – Bremse, Gas – Bremse – und dröhnen sich zusätzlich mit Bumm – Bumm – Bumm – Bumm die Ohren zu. Gegen solche Typen scheint unser Staat kein Dissiplinierungs-Mittel zu finden, weil es auch keine Verkehrspolizei mehr gibt. Wenn man dann doch mal einen erwischt, kommt er mit einem Solopunkt im Flensburg davon. Wie lange es gedauert hat, bis sich mal ein Richter getraut hat, so einen Schmalspur-Schummi in den Knast zu schicken, hat man in gesehen, wo so ein Typ auf der Weinsteige in Stuttgart mit einem geliehenen Sportwagen zwei Menschen umgebracht hat. Ein junges, Pärchen das vermutlich hoffnungsvoll in seine Zukunft schaute, wurde seines Lebens beraubt, einfach so totgefahren, weil dieser Mensch seine Raserlust austoben musste. Es ist ja auch nicht verboten mit so einem 300 PS-Rennwagen mal etwas Lustgewinn zu tanken, egal ob man das Geschoss beherscht oder zum ersten mal da drin sitzt.

Das ist aber leider kein deutsches Phänomän. Wir standen mit unserem Wohnmobil einmal in Bautzen am Stausee und ein anderes mal auf einem nachts leeren Autobahnparkplatz in Kroatien, und wurden von wildgewordenen Autorasern umkreist. Ein Entlommen war ummöglich, wir hätten unser Fahrzeug riskiert oder sogar unser Leben. Doch dann fuhr ich ganz langsam Richtung Ausfahrt und zog die Raser mit. Nach und nach wurde der Winkel zu spitz, dann mussten sie hinter uns durchfahren.

Das Autobahnfahren

Zunächst einmal eine Aufzählung, was Sie auf der Autobahn alles nicht dürfen und was Sie beachten müssen:

1. Nicht unter 40 km/h fahren.
2. Nicht ohne Grund anhalten, außer bei Pannen auf dem Standstreifen.
3. Nicht auf dem Standstreifen fahren, auch nicht um an eine Ausfahrt zu gelangen.
4. Nicht aussteigen auch nicht bei Stauungen.
5. Nicht zu Fuß gehen, außer Sie haben eine Panne und gehen zum nächsten Autobahntelefon.
6. Nicht rückwärtsfahren.
7. Nur an dafür vorgesehenen Ausfahrten ein- und ausfahren.
8. Auf Parkplätzen und Raststätten nicht übernachten, Notfälle und notwendige Ruhepausen ausgenommen.
9. An den Straßenrändern keine Notdurft verrichten.
10. Sie müssen bei Pannen sofort Warnschilder aufstellen.
11. Sie müssen sich bei Pannen und Unfällen sofort hinter den Leitplanken begeben, außer Sie beheben eine Panne selbst.
12. Sie müssen bei Unfällen eine Rettungsgasse freimachen und freihalten.
13. Sie dürfen eine Rettungsgasse nicht befahren.
14. Sie müssen bei Unfällen erste Hilfe leisten.
15. Sie dürfen das Fahrzeug nicht einfach auf der Autobahn abstellen und verschwinden.
16. Mit LKWs und dazu gehören auch Kleinlaster, Wohnwagen und Wohnmobile, dürfen Sie sich nicht auf PKW Parkplätzen parken.
17. Mit Kleinlastern, Wohnmobilen und Wohnwagen, dürfen sie auch nicht auf LKW Parkplätzen parken. (Graue Theorie, deshalb ist noch nie jemand bestraft worden)

Das Allerwichtigste ist das Abstandhalten = gleich Zeitfaktor, nur, wenn Sie ausreichend Abstand zum Vordermann/Frau einhalten, haben Sie auf dieser Einbahnstraße und den zwischen Leitplanken eingekesselten Fahrzeugkolonnen, im endlosen Strom mit schwimmend, überhaupt eine Überlebenschance. Wenn wie üblich hinter ihnen alle dicht auffahren, müssen Sie wenigstens noch vorn Platz lassen, dann werden Sie bei einer Massenkarambolage nicht sofort auf den Vordermann/Frau aufgeschoben und das ist dann schon die halbe Miete um zu überleben.

Fahren Sie nie zwischen dicht hintereinanderfahrenden LKW' s, da werden Sie zerquetscht wie eine Laus. Stellen Sie sich bitte einmal vor, wenn 22 Tonnen Masse hintendrauf knallen und sie vor sich herschieben. Wenn Sie nach vorn keinen ausreichenden Abstand halten, haben sie genau noch eine Sekunde zu leben. Ist ihnen dies einmal klargeworden, begehen sie diesen Fehler nie wieder. Niemand würde sich unter eine freischwebende Last stellen, dabei ist gerade das der gleiche Zustand. Fahren Sie nur dann rechts rüber, wenn Sie nach vorn und hinten den Sicherheitsabstand einhalten können. Nur weil ein Drängler hinten auffährt, muss man nicht sofort die Fahrbahn wechseln, sondern nur rechts Blinken. Sollte der dann seinerseits rechts überholen, lassen Sie sich wieder zurückfallen, damit er gefahrlos wieder nach links kommt. Sie sind nicht verpflichtet in kleine Lücken rechts rüber zu fahren, sollten aber, wenn nach vorn Platz ist zügig überholen. Dadurch verhindern Sie, dass der Drängler rechtsüberholend meint in diese Lücke vorstoßen zu müssen. Die Krux dabei ist aber, dass der Drängler hinten meint Sie wären zu langsam. Um diese Rechts-Überholerei zu vermeiden, kann man den Sicherheitsabstand schon mal kurzzeitig etwas verringern, aber bitte nur dann, wenn eine übersichtliche Verkehrssituation nach vorn besteht. Nie wenn vor ihnen eine lange unübersichtliche Kolonne fährt, in der auch noch LKW's zusehen sind.

Manchmal muss man aber den Sicherheitsabstand verkürzen, z. B. wenn man eine Ausfahrt hinausfahren möchte und eine endlose LKW Kolonne dicht auf dicht rechts daherkommt. Dann fahre ich rechtzeitig nach vorn versetzt vor den LKW, blinke, sodass er sieht was ich vorhabe, reagiert er nicht, hupe ich kurz und wenn er mich gesehen hat, ziehe vor ihm rüber und stelle den Tachoabstand zum Vorderen wieder her. Die meisten LKW Profis werden darauf mit Sicherheit reagieren und sich zurückfallen lassen. Ein weiterer wichtiger Faktor ist die Gelassenheit und das Relaxen am Steuer. Nie anstecken lassen von den vorbei rasenden Pressing-Fahrern. Zügig fahren, schön im Verkehr mit schwimmen, wenn überholt werden muss, schnell überholen und schräg wieder rechts rüberfahren, aber immer so weit vor dem überholten Fahrzeug wieder auf die rechte Fahrbahn wechseln, dass auch hier der Sicherheits-Abstand eingehalten wird. Möglichst nicht parallel und auf gleicher Höhe zu anderen Fahrzeugen, sondern immer versetzt fahren. Das ist besonders dann wichtig, wenn es regnet oder schneit bzw. an engen Baustellenabschnitten. Fährt man jetzt nach dem Überholen schnell wieder in die rechte Spur, bekommt der Überholte den Regen- oder Schneematsch auf seine Windschutzscheibe geknallt, sodass er sekundenlang nichts mehr sehen kann. Das haben Sie selbst doch auch nicht so gern, oder? Man hat dem Vorausfahrenden nicht nur seinen Sicherheits-Abstand, sondern auch noch die Sicht genommen, durch diese Gedankenlosigkeit entstehen jede Menge Unfälle.

Das Martinshorn ertönt - Blaulicht im Rückspiegel – sofort Gas weg und vorsichtig bremsen? Ist man auf der linken Fahrspur fährt man soweit wie möglich links heran. Die rechte und die mittleren Fahrspuren fahren rechts heran, doch immer einen guten Abstand zum Rangieren zum Vorderen lassen. Niemals die Rettungsgasse als Überholspur missbrauchen, das kostet den Führerschein. Denn die Rettungsgasse ist nur für Rettungsfahrzeuge reserviert. Und denken Sie daran, diese Regel könnte auch einmal Ihr Leben retten.

Die Rettungsgasse

Hier noch ein Auszug aus dem Internet, von einem der es wissen muss:

Autobahn rechts oder links?

Also laut STVO bildet man die Gasse bei zweispurigen Autobahnen zwischen den beiden Fahrspuren, bei dreispurigen Autobahnen zwischen dem linken und dem mittleren Fahrstreifen. Aus der Praxis als "Blaulichtfahrer" kann ich Dir aber sagen, dass wir uns ggf. immer den schnellsten Weg durch die Verkehrssituation suchen. Wenn das mit der Rettungs-Gasse also nicht vernünftig klappt (irgendwer pennt immer, irgendwer ist immer so dicht an den Vordermann herangefahren, dass er keinen Platz zum Gasse bilden hat) macht es manchmal Sinn über den Standstreifen zu fahren oder sich slalommäßig durchzuwursteln. Blöderweise weicht man damit aber von Prinzipien ab, die eigentlich durchgesetzt werden sollten. Wo wir gerade beim Thema sind: In engen Durchfahrten zwingt Sie niemand dazu erst mal voll auf die Bremse zu latschen und an völlig sinnlosen Stellen stehen zu bleiben. Manchmal ist es besser zügig weiterzufahren und es ist immer besser keine Vollbremsungen zu machen, nur weil man ein Martinshorn wahrgenommen hat. Es passiert sehr oft, dass man auf Einsatzfahrten gerade durch solche Dinge massiv ausgebremst wird. Also einfach locker und flexibel bleiben. Es gibt keinen Grund in Panik zu verfallen nur weil jemand mit Blaulicht und Martinshorn auftaucht.

Gruß, MecFleih

Ja und da gibt es dann noch dieses neue, grellgelborangene Blinklicht mit dem dazugehörenden Gejaule, das man aus amerikanischen Filmen kennt. Das wird z. Z. nun auch bei uns eingeführt und bedeutet: Anhalten, Polizeikontrolle! Es wurde wohl nur eingeführt, damit es bei Polizeikontrollen nicht zum Stillstand des gesamten Verkehrs kommt, wenn die Polizei einen Verkehrssünder mit dem Martinshorn stoppen würde, müssten ja alle eine Rettungsgasse bilden.

Vor Autobahnwechseln und Ausfahrten rechtzeitig einordnen. Immer nur so schnell fahren, wie es die Verkehrsverhältnisse gerade zulassen. Wenn Sie versuchen schneller zu fahren, als es die Verkehrsdichte erlaubt, schaffen Sie durch Ihr Fehlverhalten unübersehbare Gefahrensituationen, kommen gestresst und genervt auch nur ein paar Minuten eher an ihrem Ziel an - war es das nun Wert? Das machen Sie doch im ganz normalen zivilen Verkehr mit ihren Mitmenschen auch nicht, da sind Sie höflich und zuvorkommend und freundlich, warum müssen dann so viele Zeitgenossen sich auf den Straßen vermeintliche Vorteile verschaffen? Fahren Sie doch bitte vorausschauend, wenn Sie vor sich einen Fahrer sehen, der auf die linke Spur wechseln möchte, lassen Sie ihn rüber, der muss doch auch mal überholen dürfen, sie verlieren nur Bruchteile von Sekunden. Wenn Sie sehen, dass ein Fahrer auf der rechten Spur auf einen langsamen LKW aufläuft, nehmen Sie doch den Fuß mal kurz vom Gas und signalisieren Sie ihm, dass Sie seine Situation erkannt haben und dass er rüber wechseln darf. Das bringt ihnen mehr Befriedigung, als wenn Sie noch Gas geben und ihn hinter dem LKW einsperren. Geübte Fahrer erkennen doch schon an der Geschwindigkeit mit der ein Fahrzeug auf ein langsames aufläuft und dem links gesetztem Blinker, wenn jemand die Fahrbahn wechseln möchte, sie erkennen auch, wenn an einer Autobahneinfahrt viele Fahrzeuge reinfahren möchten, statt nun auf die Rechtsfahrenden Rücksicht zu nehmen und sie nach links rüber zu lassen, sperren sie durch dichtes Auffahren die linke Fahrbahn und signalisieren damit, dass sie das Verkehrsgeschehen auf der rechten Fahrbahn einen Dreck angeht. Ich komme jetzt auf der linken Fahrbahn, das ist meine Spur – ich habe hier die Vorfahrt - ich - ich - ich - ich - ich, immer wieder ich. Die Ausrede: „Das machen alle so" lasse ich nicht gelten, gerade weil es fast alle so machen, sollten sie Vorbild sein, auf der linken Fahrbahn fahrend Gas wegnehmen und abwarten was sich da vorn tut. Ist die Situation geklärt, langsam wieder beschleunigen. Wenn das nur jeder zehnte machen würde, gebe es jedes Jahr tausende Unfälle weniger.

Das üppige Mittagsmahl sollte man grundsätzlich vermeiden, mit Alkohol verbunden und der gleichbleibenden Geräusch-Kulisse des fahrenden Autos, wirkt es wie eine Narkose - eine bleierne Müdigkeit befällt den Fahrer. So man einen hat, wäre jetzt der Beifahrer an der Reihe weiter zu fahren. Der Sekundenschlaf endet oft tödlich, dabei kündigt er sich immer vor dem Einnicken an. Die Konzentration lässt langsam nach und man fängt an zu gähnen. Jetzt sollte man das Seitenfenster öffnen, sich zusammenreißen und konzentrieren, damit man noch den nächsten Parkplatz oder die nächste Ausfahrt erreicht. Ein weiterer Trick ist das Hantieren, darunter verstehe ich Streckübungen, Arme und Beine bewegen, Gas wegnehmen, wieder Gas geben, mal Schalten, Radio einschalten und sehr laut stellen, Bonbon essen usw. usf., so schafft man es dann noch ein paar Kilometer. Aber Vorsicht, durch diese Maßnahmen wird man natürlich ein bisschen munterer, dass sollte aber nicht dazu verleiten jetzt weiter zu fahren, denn das Schlafbedürfnis wird nur kurzfristig verdrängt, es kommt verstärkt zurück. Also nächste Ausfahrt oder Parkplatz ansteuern und eine halbe bis eine Stunde schlafen. Zu diesem Zweck habe ich immer eine Wolldecke im Auto liegen, sie kann auch mal bei anderen Gelegenheiten hilfreich sein, z. B. um Kranke oder Verletzte einzuschlagen.

Hat man einmal die Einfahrt in die Autobahn genommen, gibt es kein Zurück, rechts und links befinden sich für das Fahrzeug unüberwindliche Hindernisse. Durch die Leitplanken werden Sie durch hinten zu dicht auffahrende Fahrzeuge vorwärts gedrängt und wenn Sie auf der rechten Spur bleiben, auch noch von ständigen Überholern, die ihren Sicherheitsabstand zunichtemachen ausgebremst. Das ist schlicht und einfach Freiheitsberaubung und Nötigung. Wenn sich ein Stau bildet, kann ich nur dazu raten schon mal vorsorglich nach einem Notausgang Ausschau zu halten, denn es gibt sie man muss nur hinschauen. Vor allem sollte man das Radio immer eingeschaltet lassen, denn auch wenn man nicht mithört was das RDS-TMC

http://de.wikipedia.org/wiki/Radio_Data_System
http://de.wikipedia.org/wiki/Traffic_Message_Channel

zu melden hat, schaltet sich der Verkehrsfunk laut ein, wenn es eine Verkehrsstörung gibt, das ist auch der Fall, wenn Sie eine CD eingelegt haben. Das sollten Sie mit Ihrem Radiogerät mal ausprobieren, denn an einigen gibt es noch Abschaltknöpfe die den Verkehrsfunk unterdrücken. Wer es noch genauer wissen möchte sollte in Wikipedia nachlesen:
http://de.wikipedia.org/wiki/Radio_Data_System

Die Firma Garmin hat inzwischen ein noch besseres System in ihre Navigationsgeräte eingebaut, das sog. DAB (Digital Audio Broadcasting) weitere Infos finden sie unter:
http://www.radio-wird-digital.de/dab-
sorgt-fur-reibungsloseren-Verkehr-3d-traffic-live-von-garmin/
Hier noch ein Tipp: Lassen Sie immer und auf jeder Fahrt ihr Navigationsgerät mitlaufen, auch dann, wenn sie sich in der Gegend auskennen und auch ohne Navi zurechtkommen. Die Erfahrung zeigt, dass man durch das Gerät fortdauernd Informationen bekommt und sei es nur, dass es daran erinnert, dass man jetzt die Autobahn verlassen sollte. Hand aufs Herz und nicht gelogen: Wer ist denn nicht schon mal an einer Ausfahrt, wo er rauswollte vorbeigefahren? Außerdem bekommt man über den Verkehrsfunk oder das Navi immer die schnellsten und neuesten Meldungen über eventuelle Verkehrsstörungen. An Autobahntankstellen und Raststätten kann man die Autobahn im Notfall verlassen. Die Tore an den Zufahrten stehen wegen der Lieferanten meistens offen. Doch wenn sie verschlossen sind, wird man im Notfall wohl Personal erreichen können, dass die Tore aufschließen kann, um die eingesperrten Fahrzeuge rauszulassen. Ein Verlassen der Autobahn an diesen Notausgängen, um den Weg abzukürzen, ist natürlich verboten. Weitere Nötigungen und Lebens-Bedrohungen kommen durch rücksichtslose Fahrer auf sie zu, die an Auf- und Einfahrten sich in die Autobahn hineindrängen. Ohne auf den fließenden Verkehr Rücksicht zu nehmen, rasen sie quer über drei Fahrbahnen gleich auf linke Spur rüber, die sie anscheinend gemietet haben. Permanente Linksfahrer sind auch nicht bereit auf diesem Umstand in irgendeiner

Weise zu reagieren, sie sind ja auf ihrer Spur im Recht, so meinen sie und die rechte Fahrbahn, sowie die Einfahrenden gehen sie überhaupt nichts an. Durch diese weit verbreitete Einstellung kann ein rücksichtsvolles Miteinander nicht stattfinden. Der Drang vorwärts zu kommen ist so groß, dass alle wie in einem Rausch mitgerissen werden. Sie wechseln ständig die Spur um noch eine Lücke zu finden, wo sie durch Rechtsüberholen, sich weitere Vorteile erzwingen und durch dichtes Auffahren andere mobben und ihrerseits zu riskanten Manövern verleiten.

Manche Fahrer kennen nur den Vorwärts-Drang,
weniger bekannt ist da, der Rücksichts-Gang.

Rei©Men

Auf Autobahnen beobachtet man viele chronische Linksfahrer, die sich genau den Punkt „ausrechnen", wo der Vorausfahrende eigentlich schon rechts drüben sein müsste. Sie peilen den Kofferraum des Vorderen an, weichen noch einen halben Meter nach links aus, streifen fast die Grasnarbe und haben im Moment des Passierens zu der „noch" hervorstehende Ecke des Vorderen nur einen Abstand von einem halben Meter oder weniger. Genau dieses Verhalten provoziert für viele Unbeteiligte, aber involvierte Fahrer und Insassen tödliche Unfälle, wenn diese Zentimeterrechnung mal nicht aufgeht. Der hintere Fahrer fährt mit seiner vorderen rechten Ecke mit höherer Geschwindigkeit in die linke hintere Ecke des vor ihm fahrenden und dreht ihn rechts herum, stellt dieses Fahrzeug quer zur Fahrbahn. Das Fiese dabei ist, dass der Überholte unmöglich eine Gegenreaktion starten kann. Womöglich hat er noch den Lenker lässig in der Hand, muss erst fest zugreifen um mit kräftigem Gegenlenken das Fahrzeug in der Spur zu halten, aber, da ist es schon zu spät. Durch den Aufprall dreht sich der Überholer mit seinem Heck nach links in die Leitplanke hinein, beide kommen ins Schleudern, überschlagen sich eventuell und dann rast der nachfolgende Verkehr in das Knäul. Der Wahnsinn nimmt seinen Lauf.

Was kann man beim Überholen dagegen tun, damit man nicht in eine solche Situation kommt? Einfach nicht so schnell wieder nach rechts fahren, nach dem Überholen noch ein „paar Meter" auf der linken Spur bleiben, dann in den Spiegel schauen, ob sich der Heran-Raser an die eigene Geschwindigkeit angepasst hat, dann erst rechts rüber und vorbeilassen. Aber aufpassen, dass so ein Irrer dann nicht inzwischen zum Rechtsüberholen angesetzt hat !!! Wenn sie den von hinten Heranrasenden aufstoppen, indem sie die Fahrbahn nicht sofort freigeben, begehen bei dieser Fahrweise keine Verkehrswidrigkeit, sie sind sogar verpflichtet erst dann rechts rüber zu fahren, wenn Sie den erforderlichen Sicherheitsabstand zum Rechtsfahrenden erreicht haben. Was lernen wir daraus? Der Hinterher-Fahrende muss vor dem Überholvorgang Tachoabstand halten, darf den nach rechts wechselnden erst dann überholen, wenn der sicher die linke Fahrbahn verlassen hat. Der Sicherheitsabstand muss bis zu diesem Zeitpunkt weiter eingehalten werden.

Eine weitere Todsünde vieler Fahrer ist das Zufahren von Lücken, die eigentlich keine Lücken, sondern der Sicherheitsabstand der anderen Fahrzeuge sind. Sie überholen und setzen sich ohne den erforderlichen Tachoabstand einzuhalten kurz vor den Überholten auf die rechte Fahrbahn. Statt auf der linken Fahrbahn weiter zu fahren, bis sie zu dem Überholten und rechtsfahrenden den Sicherheitsabstand nach hinten hergestellt haben, wechseln sie schon nach rechts, wenn sie kaum vorbei sind. Oft nehmen sie dann noch den Fuß vom Gas und der Überholte muss auch verzögern, was dann wieder dazu führt, dass er seinerseits den nun langsameren auch wieder überholen wird. Und so weiter und so fort.

Es gibt auch den sogenannten Einschlafer, dieser Zeitgenosse wird Sie erst mal überholen und setzt sich vor Sie, dann behält er aber seine Geschwindigkeit nicht bei und zwingt Sie nun, ihn Ihrerseits zu überholen. Jetzt hat er Sie natürlich vor seiner Nase und das mag er überhaupt nicht, schon gar nicht, wenn er über ihr Fahrzeug nicht drüber sehen kann, also wird er Sie ein zweites Mal überholen. Den werden Sie nur noch mit einem kräftigen Tritt aufs Gaspedal los.

Dann haben wir noch den Spritsparer. Von 130 km/h Richtgeschwindigkeit, hat er natürlich auch noch nie etwas gehört. Zudem halten die Spritsparer gnadenlos ihre einmal gewählte Geschwindigkeit, z. B. 100 km/h ein, egal wie lange der Überholvorgang dauert. Sie werden lachen, aber der darf das, denn die Mindestgeschwindigkeit auf Autostraßen ist auf 40 km/h festgeschrieben. Doch hier greift § 1 der Straßenverkehrs-Ordnung, man könnte ihm Behinderung vorwerfen. Warum schreibe ich das nun alles? Damit Sie das nicht nachmachen, denn auch diese Fahrweise provoziert durch den Rückstau immer wieder Unfälle. Wenn jeder Fahrer die Leichtigkeit und das gute Miteinander im Verkehr beachtet, fließt der Verkehr auch besser. Dazu gehört es sich auch, bei Überholvorgängen so schnell wie möglich vorbeizuziehen.

Wenn es links nicht schneller geht, flutschen viele Fahrer durch die kleinste Lücke die sich bietet auf die rechte Fahrbahn und zwingen den Rechtsfahrenden zur Wieder-Herstellung des Sicherheitsabstandes. Manchmal muss der sogar bremsen, mindestens aber muss er sich wieder zurückfallen lassen. Dann kommt der Nächste und das gleiche Spielchen beginnt von Neuem. Kein Wunder also, dass alle rechtsfahrenden LKW's und andere langsame Fahrzeuge mit viel zu geringem Abstand fahren, weil sie genau diesen systemischen Schlamassel zu verhindern suchen. Ist der Abstand knapp, fährt der PKW-Fahrer nicht in die Lücke. Ist der Abstand nach vorn groß, fährt der PKW rechts bis nach vorn, überholt alle anderen rechts und reiht sich, die nicht vorhandene Lücke selber schaffend, besser erzwingend wieder nach links ein.

Nun hat er ein oder manchmal auch mehrere Fahrzeuge hinter sich gelassen. Das hat nun wieder zur Folge, dass die Linksfahrer gleichfalls einen ganz geringen Abstand offenlassen, eben – damit der Rechts-Überholer keine Möglichkeit findet dazwischen zu fahren. Aber der ganz normale Wahnsinn geht weiter. Hält der Linksfahrer einen ordnungsgemäßen Sicherheitsabstand zum Vordermann/Frau ein und bemerkt den Rechtsüberholer, wird er natürlich diesen Abstand sofort zufahren, um dem Rechts-Überholer keine Chance zum einscheren zu bieten. Man hat den Eindruck, dass viele Fahrer Autobahnfahrten als

sportliche Veranstaltungen betrachten oder meinen auf dem Rummel-
platz in einem Autoscouter zu sitzen.

Kommt ein ordentlicher Rechtsfahrer auf die Idee nach links wechseln
zu wollen, setzt er gewöhnlich den Blinker und wartet, ob ihn jemand
gnädiger Weise auf die linke Fahrbahn wechseln lässt, aber auf Blinker
reagieren die Linksfahrer allergisch. Man hat den Eindruck, dass manche meinen, man hätte den Blinker vergessen wieder abzuschalten.
Sobald man also den Blinker setzt, rücken die Linksfahrer wie auf Kom-
mando noch dichter zusammen, um das Wechseln der Fahrspur des
Blinkenden zu vereiteln. Hat es ein Rechtsfahrer nach verzweifelten
Bemühungen dann doch geschafft nach links zu wechseln, um die
langsameren LKW's zu überholen, wird er mit wild gewordener Lichthupe auf seinen „unerhörten" Fehler aufmerksam gemacht. Gibt er
dann die linke Fahrbahn wieder frei und wechselt wieder nach rechts,
schießt der Hintermann/Frau neben ihn, erboste Blicke herüber, um
dann noch eine kleine Weile nebenan zu fahren und rüber zu gestikulieren, dazu bleibt ihm dann genug Zeit. Eine andere Variante ist, den
Bösewicht der zu überholen wagte, schräg von hinten kommend im
Abstand von einem Meter zu schneiden, um ihn anschließend mit einen kleinen Ausbremser zu erschrecken, sodass der um einen Auffahr-
Unfall zu verhindern scharf bremsen muss, was wieder zu weiteren
bösartigen Hup- und Blink-Kanonaden des Ausgebremsten führt, usw.
usf., das ist der ganz normale Autobahn Irrsinn.

Rücksichtsloses Einfahren in die Autobahn und sofortiges Überwech-
seln auf die linken Fahrbahnen ist verboten. Trotzdem wird dieser gefährliche Unsinn von vielen Fahrern praktiziert. Doch damit nicht genug, oft beobachte ich Fahrer die in die Autobahn hinter mir einfahren,
dann aber kaum, dass ich in der rechten Spur bin und Geschwindigkeit
aufnehme, hinter mir quer rüber bis in die linke Fahrspur rasen. Dabei
fahren sie dicht hinten auf und lassen mir keine Chance auch mal in die
nächste linke Spur zu wechseln. Man sollte generell immer mit mäßiger Geschwindigkeit und Rücksichtnahme auf den fließenden Verkehr,
in eine Autobahn einfahren und erst nach und nach die Geschwindigkeit erhöhen, so gewöhnt man sich an das höhere Tempo, dass auf
Autobahnen gefahren wird und das Unfallrisiko wird minimiert.

Viele Fahrer sind gern bereit jemanden beim Einfahren in die Autobahn Hilfestellung zu leisten, allerdings birgt diese Hilfe auch große
Gefahren, weil man meistens die Fahrbahn wechseln muss. Das geht
aber nur dann gefahrlos, wenn die linke Fahrbahn frei ist, denn freiwil-
lig verzögern die Linksfahrer nie, auch wenn sie die Situation erkannt
haben. Der Rechtsfahrer hat nur zwei Möglichkeiten diese Situation zu
bereinigen. Er bremst sein Fahrzeug runter, mit dem Risiko das andere
hinten auffahren. Hat er keine Videokamera mitlaufen, wird er schwer
beweisen können das er genötigt wurde. Zwängt er sich in die links
heranbrausende Kolonne, riskiert er einen Unfall, bei dem er dann mit
Sicherheit die Hauptschuld angelastet bekommt. Diejenigen welche
die Einfahrt erzwungen haben, sind dann schon über alle Berge. Wenn
in einer Einfahrt Fahrzeuge auftauchen gibt es eigentlich nur die Möglichkeit rechtzeitig nach links zu wechseln, oder die Geschwindigkeit
vor der Einfahrt vorsorglich zu reduzieren, wenn man sie kommen
sieht. Viele Fahrer, die in die Autobahn einfahren wollen, machen die-
selben Fehler. Sie fahren zu zögerlich ein, oder können sich nicht ent-
schließen in eine Lücke zu fahren. Die beste Methode richtig einzufahren ist, schon in der Auffahrt links zu schauen, ob die Fahrzeuge alle in
ihren Fahrspuren fahren, also nicht etwa auf der Standspur, dann stark
beschleunigen und unter Ausnutzung der Einfahrspur weiter beschleunigen um auf die Geschwindigkeit der Vorbeifahrenden zu kommen. Sie können sich darauf verlassen, dass sie von anderen in die
rechte Fahrspur rein gelassen werden, wenn Sie mit gleicher Geschwindigkeit fahren. Reicht die Einfahrspur zum Einfädeln nicht aus,
darf man ungestraft auf der Standspur weiter beschleunigen um im
günstigsten Moment rüber zu fahren. Aber auch hier ist äußerste Vorsicht geboten, denn oft gibt es Verengungen auf der Standspur wo
man nicht durch passt, z. B. Podeste von schmalen Brücken, oder liegen gebliebene Fahrzeuge, aber die sieht man dann schon rechtzeitig.

An Autobahn-Engpässen wird das Verhalten von vielen Fahrern zur
Nervenprobe, denn es gibt überhaupt keinen Grund an einem auf der
Standspur liegen gebliebenen Fahrzeug langsam und gaffend vorbei
zu trödeln und den ganzen Verkehr aufzuhalten. Haben diese Spezies
endlich alles begafft, geben sie dann auch noch zögerlich Gas. Obwohl
ich ein mäßig gasgebender Fahrer bin, tappe ich in so einem Fall beim

Passieren den Gas-Hebel durch. In Sekunden fahre ich hunderte Meter von den Hinteren weg, weil die Straße vor mir gähnend leer ist und beobachte im Spiegel, dass es manchmal Minuten dauert, bis sie wieder aufgeschlossen haben. Anders ist die Situation, wenn man an einem ungesicherten Unfall vorbei muss, hier ist große Vorsicht geboten. Das Gleiche Verhalten findet man auch an Spurverengungen nach einem inzwischen gesicherten Unfall, alle gucken keiner macht Anstalten den Verkehr der schon kilometerweit aufgestaut ist wieder ins Rollen zu bekommen, indem er zügig vorbeifährt. Diese Verhaltensweise wird noch dadurch verschlimmert, dass sich die Fahrer mit dem Reißverschluss Verfahren (siehe weiter unten) nicht auskennen und sich gegenseitig behindern. Sonst hetzen sie im Mindestabstand hintereinander her, jetzt sollten sie mal schnell fahren, doch wie durch ein Wunder haben sie plötzlich viel viel Zeit.

Das ist der ganz normale Wahnsinn auf deutschen Autobahnen. Wen wundert es da noch, dass es ständig kracht, dass Hundert und mehr Fahrzeuge ineinandergeschoben werden, Verletzte und Tote zu beklagen sind. Aber das scheint weder Staat, Parteien noch die Gesellschaft zu stören. Alle können anscheinend mit diesem Irrsinn ganz gut leben: Da kann man nichts dagegen machen, das ist die gängige Meinung. Man könnte, wenn man nur wollte und auch mit einfachen Mitteln eine Besserung erreichen, wenn man die Einfädelspuren an den Autobahn-Einfahrten mindestens 200 Meter verlängern würde. Vor einiger Zeit gab es mal eine Verschärfung der Strafen wegen zu dichten Auffahrens. Was hat es gebracht? Nichts, weil es niemanden gibt, der dieses lebensgefährliche Verkehrsdelikt ahndet. Die Verkehrsregeln sind alle eindeutig formuliert, werden aber nicht eingehalten.

Wäre ich Verkehrsminister, würde ich auf allen Autobahn-Brücken und auf den Mautüberwachungsträgern Abstandradarmessgeräte installieren lassen, die rigoros wie bei Geschwindigkeitsmessungen alle blitzen, die den Sicherheitsabstand nicht einhalten. Diese Maßnahme würde mindestens tausend Menschen pro Jahr das Leben retten und sich genauso wie die Geschwindigkeitsmessungen sehr schnell amortisieren. Um das Bewusstsein der Verkehrsteilnehmer zu schärfen, würde ich wie dies vor Jahrzehnten schon mal der Fall war, Fernsehspots mit den wichtigsten und gefährlichsten Verkehrssituationen in den beiden Öffentlich-Rechtlichen Fernsehprogrammen schalten lassen. In diesen Spots könnte man auch Verkehrsregeln erklären die vielen Fahrern unbekannt sind, weil sie vor Jahrzehnten den Führerschein gemacht haben und seitdem nichts dazu gelernt haben, bzw. die neuesten Weiterentwicklungen der Verkehrsregeln nicht mitbekommen haben. Dies auch, weil sich die zuständigen Stellen damit begnügen, einmal eine Bekanntgabe im Bundesgesetzblatt zu veröffentlichen und damit meinen alles Erforderliche für die Verkehrssicherheit getan zu haben.

Eine Frage hätte ich dann noch: Warum bauen Autohersteller in ihren Karossen keine Abfalleimer ein? Durch diese gesetzlich vorgeschriebenen Container, meinetwegen mit Durchrutsche in den Motorraum und mit Abfallsack, könnten Milliarden an Straßenreinigungskosten eingespart werden.

Antwort: In teuren Luxusautos macht sich das nicht so gut, igitt, igitt, das kann doch gar nicht sein. Also landen Glasflaschen, Plastiktüten und Kaffeebecher etc. weiter am Straßenrand, in den Wiesen, Äckern und Feldern. Sieht doch hübsch aus, oder? Fragt man die „Täter", warum sie ihrem Müll nicht mit nachhause nehmen oder an der nächsten Raststätte entsorgen, so hört man oft, dass ja für die Müllentsorgung die Autobahnarbeiter zuständig seien, die hätten sonst nichts zu tun und wären dann arbeitslos.

Folgende Regeln müssten für das Autobahnfahren geändert, oder angepasst werden:

Der Rechtsfahrende der direkt hinter einen anderen langsameren Rechtsfahrer fährt, hat das Recht als erster den Vorausfahrenden zu überholen. (Diese Regelung besteht schon seit Jahren, wird aber nie beachtet.) Wenn ein Rechtsfahrender blinkt und auf die linke Fahrbahn wechseln möchte, hat er das Vorrecht dies zu tun, wenn er:

Mindestens die wesentlich schnelleren vorbei lässt. Kommen von hinten nur unwesentlich schnellere auf, sind sie verpflichtet ihn in die linke Spur wechseln zu lassen. Wenn der von hinten aufkommende Schnellere noch mindestens 200 Meter entfernt ist, darf man wechseln. Bei fast gleichschnellen Fahrzeugen auf zwei nebeneinanderliegenden Fahrspuren, gilt vor allen anderen Regeln das bekannte Reißverschlussverfahren, einer von rechts, einer von links. Das Überholen anderer Fahrzeuge, noch kurz vor einer Autobahn oder Schnellstraßen Ein- Ausfahrt ist verboten. Das Befahren der Standspur ist nur zum Zwecke des Verlassens von Autobahnen und Schnellstraßen nur in Notfällen erlaubt, wenn:
Alle Fahrzeuge im Stau stehen, oder „stopp and go" fahren.
Und wenn der Ausfahrende nicht schneller als mit 30 Km/h an den stehenden Fahrzeugen vorbeifährt.
„Das noch schnell Überholen" an Engstellen, wo sich die Fahrbahn von drei auf zwei oder von zwei auf eine verengen, muss verboten werden. Bei allen diesen Engpässen muss es ein absolutes Überholverbot für alle Fahrzeuge schon ab dem ersten Hinweisschild geben. Überholen auf Autobahnen und Schnellstraßen ist nur erlaubt, wenn man schneller als der zu Überholende fahren kann. Der Überholvorgang muss in angemessener Zeit ca. eine Minute abgeschlossen werden können. Elefantenrennen sind verboten, das wird auch nicht beachtet. Auf dreispurigen Autobahnen ist es Fahrzeugen mit LKW Zulassung (über 3,5 t ZGG) verboten die ganz linke Spur zu benutzen, wird auch nicht beachtet. Für LKW' s und dazu gehören auch kleine Lieferfahrzeuge die als LKW zugelassen sind, gilt die Höchstgeschwindigkeit von 90 km/h.
Die Hersteller sollten angewiesen werden, Neufahrzeuge mit Überwachungskameras auszurüsten. Das hätte zur Folge, dass alle Verkehrsteilnehmer gegenseitig vor Übergriffen von Rasern geschützt wären, weil sie ja mittels Videofilm das tatsächliche Verkehrsgeschehen beweisen könnten. Das würde der Verkehrserziehung dienen und keiner könnte sich nach einem Fehlverhalten, das in der Folge zu einem Unfall führt, davonmachen, weil sein Kennzeichen aufgezeichnet wird. In Autobahnbaustellen sollte das Überholen generell verboten werden. Das Parallel-Fahren in Autobahnbaustellen ebenso verbieten, es muss versetzt gefahren werden.

Bei Überleitungen in die Gegenfahrbahn, sollten große Fahrzeuge das Recht haben, die gesamte Breite der Überleitungsspuren zu benutzen. Dazu muss die Fahrbahnmarkierung eingeengt und zur Mitte geführt werden. Also keine zweispurigen Überleitungen oder sie müssen durch dazwischenliegende Leitplanken von den Gegenfahrbahnen getrennt werden. Ist die rechte Fahrbahn für LKW's, Busse und andere breite Fahrzeuge unzumutbar schmal, dürfen diese Fahrzeuge auch beide Fahrbahnen benutzen und in der Mitte fahren, dies ist heute schon gängige Praxis.

Es ist unzumutbar und grenzt an Freiheitsberaubung, wenn Fahrzeuge auf einer von Leitplanken begrenzten Einbahn-Straße eingeschlossen werden. Es ist wie im Gefängnis, sind sie einmal drin, kommen sie nicht mehr raus. Egal ob ein Fünfzigkilometerstau oder kein Weiterkommen durch ein Schneechaos passiert, der Autofahrer wird hilflos auf der Autobahn eingesperrt. Er kann verhungern, verdursten oder erfrieren, kein Teufel holt ihn da raus. Man fragt sich, was muss denn noch passieren, damit für solche Fälle Lösungen gefunden werden. Mein Vorschlag dazu wäre in gewissen Abständen, z. B. an jedem Parkplatz und an jeder Tankstelle eine Notausfahrt einzurichten. Die Verantwortlichen verhindern dies, weil es immer wieder ein paar Unvernünftige gibt, die an solchen Notausfahrten auch ohne Not die Autobahn verlassen. Das berechtigt aber nicht dazu im Notfall alle Autobahnbenutzer zu nötigen und einzusperren. In jedem Kino, Theater oder anderen öffentlichen Einrichtungen gibt es Notausgänge, auf jedem Schiff Rettungsboote, warum nicht auf den Autobahnen Rettungsausfahrten?

Der Falschfahrer

Auf der Autobahn kam mir noch nie jemand auf meiner Fahrbahn entgegen, ich höre immer nur die Warnungen im Radio und hoffe, dass das so bleibt. Aber eine Frage sollte man sich doch stellen: Was kann ich selber tun, damit ich einen solchen Fall überlebe. Im Radio hört man immer die Aufrufe:
Achtung: Zwischen A... und B... kommt ihnen ein Falschfahrer entgegen, fahren Sie äußerst rechts, überholen sie nicht usw.!

Meiner unmaßgeblichen Meinung nach, ist dies der völlig falsche Ansatz, Unfälle mit einem Falschfahrer zu verhindern. Spätestens hier wird wieder der Sicherheitsabstand überlebenswichtig. Hat man diesen eingehalten, kann man schräg am Vorausfahrenden vorbei, den Falschfahrer schon von vorn kommen sehen.

Man muss sich den Ablauf aus der Sicht des Falschfahrers einmal praktisch vorstellen. Der kommt falsch in die Autobahn rein und alle weichen von ihm aus gesehen nach links aus, das ist doch die ganz normale Situation, die sich für jeden Autofahrer auf jeder Straße jeden Tag und immer ergibt. Der Falschfahrer sieht doch in den entgegen kommenden „Überholer", die wieder in ihre "richtige Fahrbahn" zurück fahren wollen. Also, für ihn alles ganz normal. Da wollten ein paar überholen und sind nun, weil ich jetzt komme, zurück in ihre Fahrspur. Prima, die ganze Straße vor mir ist frei, sensationell, der fährt doch immer schneller. Dann passiert es, einer der den Falschfahrer nicht mitgekriegt hat, schert nach links aus und bumm.

Was lernen wir daraus? Die Meldung müsste lauten:
Achtung, Falschfahrer zwischen A.... und B.... alle Fahrzeuge rechts ranfahren und anhalten. Wenn sie den Falschfahrer sehen blinken sie in an, hupen und gestikulieren sie damit er merkt, dass mit ihm etwas nicht stimmt. Was würde dann passieren? Da meistens nicht alle Fahrzeuge in die rechte Spur reinpassen, käme der Verkehr langsam zum Erliegen, selbst der Falschfahrer müsste anhalten, ja er könnte sogar

umdrehen, wenn ihn ein paar freundliche Helfer auf seinen Irrtum aufmerksam und etwas Platz machen würden. Die Gefahr wäre beseitigt und der Verkehr könnte sich wieder in Bewegung setzen.

Was lernen wir weiterhin:

Auf der Autobahn niemals spontan und ohne Sicht nach vorn in die linke Fahrbahn wechseln, immer schauen, ob keiner von vorn kommt, genauso wie man es auf einer Landstraße auch macht. In dieser Situation sieht man sofort wieder wie wichtig der Sicherheitsabstand ist. Haben Sie den eingehalten, sehen Sie den Falschfahrer immer besser, als wenn Sie dicht hinter einem LKW auffahren. Da sehen Sie nichts, aber auch garnichts, warum Sie nichts gesehen haben, merken Sie vielleicht, wenn sie wieder aus dem Koma aufwachen sollten.

So ergibt sich nun die Frage: Wie kommt ein ganz normaler Autofahrer dazu urplötzlich in die falsche Richtung zu fahren, bzw. eine Auffahrt falsch anzusteuern. Das ist Ihnen natürlich noch nie passiert - Hand aufs Herz - wirklich nicht? Aber Sie haben es noch rechtzeitig bemerkt. Im engen, unübersichtlichen Verkehrsgewühl, passiert es jedem Fahrer mal, dass er kurz die Übersicht verliert, überhaupt in einer ihm unbekannten Gegend, weil ja Entscheidungen im Bruchteil einer Sekunde getroffen werden müssen. Das ist Ihnen doch hoffentlich auch schon mal passiert - und Sie sind auch noch nie in eine Einbahnstraße falsch reingefahren? Also doch - Sie geben es nun zu. Natürlich sind solche Fehler nicht mit einer Blindflug-Mission auf der Autobahn zu vergleichen, aber genauso passieren sie eben. Vor allem, wenn man unter Stress steht. Verhindert werden sollen solche "Fehlschüsse", durch das rote Schild mit dem weißen Querstreifen. Aber das wird eben zu leicht übersehen. So ist ein kluger Verkehrstechniker darauf gekommen für Rad- und Autofahrer eine durchgehende rote Markierung auf die Fahrbahn zu malen und siehe da, es funktioniert. Der Autofahrer sieht "Hier ist ein Radweg", also aufgepasst! Und der Radler weiß wo er langfahren soll. Mein Vorschlag wäre deshalb an Autobahnauffahrten eine breite, rote Markierung anzubringen, wo ein Fahrer mindestens 50 Meter drüberfahren muss, wenn er in die Autobahnausfahrt, statt in die Einfahrt hineinfährt.

Die Verkehrs-Überwachungskamera und Blackboxes

Seit einiger Zeit, habe ich in unseren Fahrzeugen eine sogenannte Dashcams (Dash-Board - Armaturenbrett Kamera) Überwachungskamera installiert. Die Kamera wird mit einem Saugnapf an der Windschutz-Scheibe montiert und der Stromanschluss wird in die Zigarettenanzünder-Steckdose eingesteckt. In der Werkstatt habe ich dann noch die Steckdose mit dem Zündschloss verbinden lassen, sodass sie sich mit dem Startvorgang selbsttätig einschaltet. Während der Fahrt zeichnet die Kamera einen Videofilm auf einen Mikrochip auf. Wenn der Chip voll ist, wird er wieder von Anfang zum Ende überschrieben, sodass immer die letzten Stunden auf dem Mikrochip zu finden sind. So habe ich immer alle Ereignisse als Beweis zur Hand und die meisten Gerichte erkennen diese Beweise an, ja sind sogar froh darüber. Nach einem ungewöhnlichen Verkehrsereignis, wie Unfall, oder gefährlichen Manövern anderer Verkehrsteilnehmer, die zu Streitigkeiten führen können, sollte man den Mikrochip gegen einen anderen austauschen oder die Kamera ausschalten, damit die Ereignisse nicht überschrieben werden. Ein anderer Aspekt der Videoüberwachung ist natürlich, dass Sie auch Beweise gegen sich selbst aufzeichnen. In dieser Hinsicht stelle ich fest, dass sich mein Verkehrsverhalten noch weiter verbessert hat, denn der Beweis fährt mit. Akribische Datenschützer wettern gegen die Videoaufzeichnung, davon sollte man sich nicht abhalten lassen eine zu installieren, denn diese Leute sind im Ereignisfall und vor Gericht weit weg und helfen ihnen nicht bei der Aufklärung. Außerdem werden alle Filme innerhalb kurzer Zeit wieder überschrieben. Damit dürfte dem Datenschutz genüge getan sein, sonst müsste man das Fotografieren in der Öffentlichkeit ganz verbieten. Allerdings ist bei Veröffentlichungen von Filmsequenzen im Internet Vorsicht geboten, denn es ist nicht erlaubt unbeteiligte Personen ohne ihr Einverständnis zu zeigen. Eine solche Kamera erhält man im Internet oder im Fachhandel für unter 100 € + Mikrochip 32 oder 64 MB ca. 25 - 40 €, das ist wenig Geld für eine hohe Sicherheit im Schadensfall. Um absolut sicher zu sein, montieren sich manche Fahrer auch noch eine Kamera an die Heckscheibe. Es gibt auch Duo-Kameras mit zwei Objektiven, die das Geschehen fast rund um das Fahrzeug aufzeichnen. Beim Kauf ist zu beachten, dass ein deutschsprachiges Display und auch eine deutsche Bedienungsanleitung mitgeliefert werden, mindestens aber, sollte eine englische Bedienungs-Anleitung dabei sein.

Das Beobachten des Rückwärtigen Verkehrs wäre viel einfacher, wenn man nicht ständig mehrere Spiegel zu kontrollieren hätte, die dann auch noch ein zu kleines und verzerrtes Abbild der tatsächlichen Verhältnisse zeigen. Im unserem Wohnmobil habe ich eine Duo-Heck-kamera einbauen lassen, die mir mit ihrem Weitwinkelobjektiv immer die ganze Straße hinter mir zeigt. Genau betrachtet benötige ich überhaupt keinen Rückspiegel mehr, weil mir die Kamera die Verkehrs-Verhältnisse hinter mir genauer und in einem Bild aufzeigt. Da es eigentlich zwei Kameras sind, also eine zeigt den rückwärtigen Verkehr wie beschrieben, eine weitere schaltet sich beim Einlegen des Rückwärtsgangs ein und zeigt dann auf dem Monitor alles, was sich im Abstand von 0,5 bis 10 Metern hinter dem Fahrzeug tut. Wenn man diese Rückfahr-Kameras mit den Überwachungskameras vorn an der Windschutzscheibe kombinieren und die Bilder gleichzeitig aufzeichnen würde, hätte man ein perfektes System zur Rundumkontrolle und gleichzeitig eine lückenlose Verkehrsüberwachung, aus der sich niemand mehr heraus stehlen könnte. Nun wird das Geschrei losgehen, ich höre es jetzt schon: Meine Privatsphäre, Totalüberwachung, Überwachungsstaat, „Big brother is watching for you" usw. usf. Alles Unsinn, die Bilder werden vom System in ein paar Stundentakten wieder überschrieben und sind damit gelöscht. Ähnliches gibt es schon sehr lange, z. B. in Betrieben, an Verkehrsschwerpunkten, bei der Polizeiwache, an der Haustür und letztendlich sind die Fahrtenschreiber in LKW' s oder die Flugschreiber nichts Anderes und man ist froh, wenn man sie nach Unfällen unversehrt auffindet. Mit der heutigen Technik wäre es möglich in Blackboxes Filmsequenzen von mehreren Tausend km aufzuzeichnen und zwar so, dass die Fahrzeughalter oder die Fahrer an die Aufnahmen nicht herankommen können. Man müsste nur etwas Fantasie und Eifer entwickeln und könnte in kurzer Zeit das Verkehrsknäul entschärfen. Dann sitzen endlich alle im gleichen Boot, statt im eigenen fahrenden Wohnzimmer und müssten sich der Verantwortung stellen, die ihnen die Gesellschaft mit der Aushändigung des Führerscheines übertragen hat.

Anmerkungen zur rechtlichen Seite des Einsatzes solcher Dash Camps: Natürlich unterliegen auch diese Aufzeichnungsgeräte den allgemeinen Datenschutz. Da man aber auch mit einer ganz normalen Kamera, auf Straßen Fotos und Video-Aufzeichnungen machen darf, weiterhin auch viele öffentliche Plätze, Straßen, Firmen und Privathäuser mit Kameras überwacht werden, kann der Einsatz nicht verboten werden. Letztlich handelt es sich auch um ein Instrument der Rechtsfindung, dass unschuldige Unfallbeteiligte entlastet oder den Unfallhergang aufklärt. Meiner Ansicht nach ist es eben sehr wichtig, dass sich die Kamera erst nach dem Starten des Motors einschaltet- und nach dem Abstellen des Wagens automatisch wieder ausschaltet. Weiterhin muss gewährleistet sein, dass die Aufzeichnungen innerhalb einer Frist von ein paar Tagen wieder automatisch überschrieben oder gelöscht werden. Nach meinen Recherchen gibt es bisher noch kein eindeutiges Verbot dieser Kameras. Allerdings handelt es sich um eine Grauzone der Gesetzeslage, auch Anwälte und Gerichte haben bisher dazu keine eindeutige Rechtsauffassung. Hier noch eine Internetseite die ihnen weitere Aufklärung gibt.
http://www.frag-einen-anwalt.de/Autokamera-im-Fahrzeug-erlaubt---f216716.html

Aufmerksamkeit und Rücksichtnahme,
ist die Tugend der sehr guten Fahrer.

Rei©Men

Blackboxes werden als Flugschreiber inzwischen in alle Flugzeuge eingebaut. Die Idee war ja, klären zu können was passiert ist, wenn eines abstürzt und man die Piloten nicht mehr fragen kann, was passiert ist. In einigen Nachbarländern werden solche Geräte nun auch in Fahrzeuge eingebaut. Diese Forderung kam hauptsächlich von den Versicherern, welche die enormen Kosten bei Massenunfällen tragen und zwar für alle Beteiligten, auch wenn der Verursacher nicht ermittelt werden kann. Die Geräte arbeiten inzwischen sehr genau, so dass man die Unfallursachen untersuchen und auch Verkehrs-Übertretungen verfolgen kann. Es bleibt also zu hoffen, dass sie bald auch bei uns eingebaut werden müssen und zum Standard eines Fahrzeugs gehören.

Nachschulungen

Leider gibt es in Europa den Führerschein auf Lebenszeit, egal ob jemand seine Fahrerlaubnis nutzt oder nicht. Man kann jahrzehntelang nicht selbst mit einem Auto gefahren sein und darf es trotzdem tun? Eine Weiterbildung für Autofahrer findet nicht statt, ein Schlaraffenland für Verkehrssünder und genau deshalb fahren viele in Wildwestmanier Auto. Entweder in seliger Unwissenheit oder weil seitens der Verkehrs-Behörden keine Kontrollen stattfinden. Gelegentlich erhöht dann der Verkehrsminister die Ordnungsstrafen, weil er sich nicht anders zu helfen weiß und vor härteren Maßnahmen zurückschreckt, weil er seine Wähler nicht verlieren möchte. Stattdessen sollte er Nachschulungen und Führerschein-Entzug für Verkehrssünder anordnen, die würden auch unbelehrbare Raser zur Räson bringen.

Fragen Sie mal in einer Fahrschule nach, ob sie Nachschulungskurse anbietet, fragen Sie mal in einer Buchhandlung nach, welche Lehrbücher es zum Thema Verkehrsregeln gibt? Sie werden staunen, da erhalten Sie nur die offiziellen Lehrbücher zur Führerscheinprüfung. Meiner Meinung nach, sollte man für alle Verkehrs-Teilnehmer, alle fünf Jahre eine Nachschulung auf eigene Kosten anordnen, genauso wie es von Flugkapitänen, Busfahren, Lockführern, Kapitänen und von den verschiedenen professionellen Personen-Beförderern im öffentlichen Verkehr verlangt wird. An das Ende einer solchen Nachschulung sollte eine interne Prüfung stehen, die bei Nicht-Bestehen wiederholt werden muss. Nach dreimaligem Nicht-Bestehen käme dann der vorläufige Führerschein-Entzug für drei Monate mit Wiederholungprüfung. Wird diese auch nicht bestanden, könnte eine spezielle Nachschulung in einer Fahrschule mit einer sich anschließenden neuen Führerscheinprüfung erfolgen. Zudem halte ich auch die sicher professionelle Ausbildung in den Fahrschulen nicht mehr für ausreichend, da ist zu viel Routine und Kommerz eingeschlichen, die sich ausschließlich auf das Ziel >Führerschein-Prüfung-bestehen< konzentriert. Da man in den Fahrschulen aus Kostengründen kaum mehr Fahrtraining einbauen kann, muss man sich überlegen, wie man das Fahrtraining für Beginner verbessern kann. Natürlich gibt es Verkehrsübungsplätze wo man das Fahren mit Verkehrsschildern üben kann. Aber ein richtiges

Fahrtraining, das den Anfänger auf hohe Geschwindigkeiten und Verkehrsgewühl vorbereitet, ist das sicher nicht. Da kann man von der Fliegerei einiges lernen, hier werden Flugsimulatoren eingesetzt, bevor man die angehenden Flugkapitäne in die Luft schickt. Warum nicht auch Fahrsimulatoren für Autoanfänger einsetzen? Natürlich ist das teuer, aber Menschenleben sind unersetzlich und volkswirtschaftlich gesehen ist das nur billiger, als die Versorgung und Betreuung von Verkehrsopfern.

Wenn um die private Autoraserei geht, ist den Leuten kein Auto zu teuer. Man kann es ja auch leasen und wenn etwas kaputt geht, na ja die Vollkasko-Versicherung übernimmt ja den Schaden. Hier müsste zuerst einmal der Geldhahn zugedreht werden, indem man wie bei einer Bank zuerst einmal die Bonität eines Kreditnehmers überprüft und erst danach darf er auf Geld hoffen. Aber auch danach, wird ja der Kreditnehmer im Hintergrund weiter überwacht, ob er seinen Verpflichtungen bezüglich Rückzahlungen der gewährten Kredite nachkommt. Das Gegenteil ist bei der Vergabe von Leasingangeboten der Fall, während die Leasingfirmen den Geldhahn aufdrehen, darf dann die Versicherungswirtschaft, die Schäden auf Kosten der anderen seriösen Versicherungsnehmer, die weniger Schäden verursachen ausbügeln. Bei den Banken hingegen, wo beide Vertragspartner sich um Schadensvermeidung kümmern, wälzen die Leasingfirmen die Schadenskosten auf die Versicherungswirtschaft ab.

Ich würde dem Gesetzgeber empfehlen, den Leasingfirmen mit dem Abschluss von solchen Freibriefen, auch die Versicherung ihrer Geschäftsmodelle zu übertragen. So käme alles aus einer Hand und Leasingnehmer müssten für ihre volkswirtschaftlich angerichteten Schäden selber haften. Doch Staat und Wirtschaft werden einen „Teufel tun", um das zu ändern, denn sie sind auf maximalen Gewinn und Steuereinnehmen maximiert.

Der Verkehrsrüpel

Man fragt sich warum die allerwenigsten Autofahrer, die sich über Verkehrsraudis ärgern, die rücksichtslos Gesundheit und Leben anderer gefährden, nicht anzeigen. Der Grund ist sehr einfach, man handelt sich eine Menge Unannehmlichkeiten ein, weil man zur Zeugenaussage zum Wohnort des Angezeigten fahren muss. Gegebenenfalls macht dann der Angezeigte eine Gegenanzeige. Deutsche Gerichte glauben allerdings dem Anzeigenden mehr, als dem Angezeigten. Es kommt eben immer darauf an, ob man sich selber korrekt verhalten hat. Oft lehnen die Gerichte auch die Entgegennahme einer Anzeige ab, wenn eine Gegenanzeige vorliegt. Zeugen können Sie natürlich auch keine mehr auftreiben und so lassen Sie die Sache auf sich beruhen, ist ja nichts passiert? Wirklich nicht, doch wohl eher, weil Sie alles richtiggemacht haben, aber der Ärger bleibt. Letztendlich gilt auch die Denunziation als ehrenrührig und es bleibt immer ein schlechter Beigeschmack. Doch der Rüpel wird schnell wieder einen anderen mobben und vielleicht geht es dann nicht so gut aus. Schreiben Sie sich auf jeden Fall die Autonummer dieses Typen und wenn möglich noch die Kennzeichen von ein paar Zeugen auf, dazu die Urzeit und den Tag und Ort des Vorfalls. Wenn dann der Zorn verraucht ist, können Sie immer noch überlegen, ob Sie eine Anzeige machen wollen. So sind Sie auch gewappnet, wenn der Rüpel Sie anzeigen sollte. Noch besser ist natürlich eine Dash Bord Camara, mit der kann man nicht nur Flugzeug- und Meteoritenabstürze filmen, wie Filme aus Russland zeigen, sondern vor allem das gesamte Verkehrsgeschehen. Man hat jederzeit ein Beweismittel zur Hand. Und nicht nur das, weil die Kamera auch Ihr Verkehrsverhalten aufzeichnet, werden Sie selber ein besserer Autofahrer werden, denn auch ihr eigenes Fehlverhalten wird aufgezeichnet und kann als Beweismittel gegen Sie verwendet werden. Prüfen Sie daher immer erst, was Sie selber falsch gemacht haben könnten, bevor Sie einen anderen beschuldigen oder eventuell anzeigen.

Eisenbahn-Schranken

Es gibt immer noch viel zu viele, vor allem zu viele Halbschranken. Die Ampel zeigt noch grün. Man denkt, da komm ich noch rüber schon fängt es an zu klingeln, die Schranke geht gnadenlos runter und niemand hält sie auf. Weit und breit kein Schrankenwärter der den Verkehr regelt. Noch schlimmer sind kleine Wege, die nicht mal eine Ampel oder Schranke haben. Oft hat man keine freie Sicht auf die Schienen und schon steht man - Andreaskreuz hin oder her - zwischen den Schranken auf den Gleisen. Der Zug wird in spätestens zwei – drei Minuten da sein. Was kann man tun? Meiner Frau passierte es, die Halbschranke landete auf ihrer Motorhaube, sie stieg aus und schaute, ob der Platz zwischen PKW und Gleis plus Zugüberhang noch reichte. Dies war der Fall, sie stellte sich etwas abseits von PKW und ließ den Zug passieren. Manch einer ist schon zu weit vorgefahren, sodass die Schranke schon auf dem Dach aufliegt, er wird nervös und steigt aus - falsch, im einem solchen Fall muss man eben zurücksetzen, man holt sich zwar ein paar Kratzer auf der Motorhaube, oder dem Dach, aber verhindert Schlimmeres und keine Angst, die Halbschranken sind alle so gebaut, dass sie bei Gewaltanwendung wegbrechen. Das zahlt dann die Vollkasko-Versicherung, genauso wie die Kratzer. Wenn man bei Vollschranken auf den Gleisen zu stehen kommt, hilft nur noch aussteigen und flüchten, denn keiner weiß von welcher Seite ein Zug kommt, oft kommen auch Züge aus beiden Richtungen. Es gibt in Deutschland immer noch Bahnübergänge, wo man eigentlich erst aussteigen und nachsehen muss, ob ein Zug kommt. Ich empfehle dann wenigstens das Fenster runter zu lassen und zu horchen, ob ein Zug naht, um dann vorsichtig in den Übergang einzufahren.

Der Fahranfänger

Ich habe nun einen Führerschein, welche Freude, Mutter oder Vater gibt mir ihr/sein Auto, doch nun bin ich einsam und allein auf der Straße, kein Fahrlehrer korrigiert meine Fehler, deshalb:

Ein großes Schild an die Rückscheibe stellen:
Achtung Fahranfänger!

Langsam fahren, nicht von den anderen nervös machen lassen, auch wenn sie hupen und verrückt spielen, die haben alle mal angefangen. In der Straßenverkehrsordnung sind nur auf Autobahnen und Schnellstraßen Mindest-Geschwindigkeiten vorgeschrieben, niemand kann Sie zwingen schneller zu fahren als es ihr Fahrvermögen erlaubt. Wenn etwas unklar ist oder eine unübersichtliche Situation eintritt, noch langsamer machen, notfalls anhalten ist nicht verboten. Ein Freund von mir hatte seinen Führerschein für vier Wochen verloren, weil er eine rote Ampel überfuhr. Er hatte im tief stehenden Sonnenlicht nicht genau sehen können, ob sie Grün zeigte. >Was sollte ich machen, fragte er mich? <, Ich sagte zu ihm: >Da gibt es nur eines, stehen bleiben, die nächste Ampelphase abwarten, wenn es Grün wird, fangen die anderen hinten an zu hupen, dann ist es grün, dass sieht man auch im letzten Augenblick im Vorbeifahren, wenn man kurz zur Ampel hochschaut, weil sich dann der Lichteinfallwinkel der Sonne verändert. Ist es nicht grün, kann man immer noch anhalten, man steht dann schon ein wenig im Kreuzungsbereich, aber man riskiert keinen Unfall.

Von Mitfahrern darf man sich keinesfalls zum schnellen Fahren verleiten lassen. Die Frau, der Mann am Steuer ist der >Chef im Ring<, er hat sozusagen die Befehlsgewalt übernommen, ist für seine Entscheidungen und seine Mitfahrer verantwortlich. Er ist der Kapitän auf dem Schiff, wer nicht seinen Anweisungen folgt hat auszusteigen. >Beifahrer halt die Schnauze<, so sagte man früher, trotzdem und gerade bei Fahranfängern, ist es gut, wenn ein erfahrener Mitfahrer aufpasst und den Neuling ein paar Tipps gibt. In allen anderen Fahrgemeinschaften gilt immer: Alle sollen mit aufpassen, aber nicht mitfahren, das heißt, wenn man als Mitfahrer den Eindruck hat, der Fahrer könnte etwas übersehen haben oder steht im Begriff eine Verkehrssituation nicht richtig eingeschätzt zu haben, in ruhiger Art darauf aufmerksam machen, dafür ist jeder Fahrer dankbar. Als guter Fahrer regt man sich darüber nicht auf: „Ja, ja, das habe ich doch alles gesehen". Das konnte der Mitfahrer doch nicht wissen, man sagt einfach: „Danke".

Hier ein Auszug aus dem von mir veröffentlichten Buch: „Das Pedelec ABC", welches sie im gleichen Verlag erwerben, oder im E-Book Kindle ausleihen können. Diesen Auszug füge ich ein, damit sie auch einen Eindruck davon bekommen, wie ein Fahrradfahrer tikkt, dass soll Autolern helfen, mit Pedaleuren besser umzugehen und ihr Verhalten aufzeigen.

Verkehrsprobleme und sicheres Fahren mit dem Fahrrad

Machen sie sich das Radfahren zu eigen,
bevor sie in ein Auto steigen.

Rei©Men

Soll heißen, wenn Sie öfters mit dem Fahrrad durch die Stadt fahren, lernen Sie die Autofahrer von ihrer schlechtesten Seite kennen. Das ist die beste Methode Aufmerksamkeit und Rücksichtnahme mit schwächeren Verkehrsteilnehmern zu üben. Fährt man mit dem Fahrrad das erste Mal durch >seine Stadt<, bekommt man tausend Probleme, die man mit dem Auto nicht hatte. Es ist kolossal schwer sich ohne Knautschzone durch den Autoverkehr durchzumogeln. Es hat schon etwas Beängstigendes, wenn von allen Seiten diese schnellen, teilweise rücksichtslosen Fahrzeuge auf einen zurasen. Man muss höllisch aufpassen, sozusagen neu - Radfahren lernen. Nach einiger Zeit kennt man alle Fahrradwege, Umfahrungen, Ausweichstrecken und Fußwege in seiner Umgebung. Es ist ein richtiges Abenteuer, all das kennenzulernen, was mit dem Rad möglich ist. Mit der Zeit lernt man auch, sich so zu verhalten, dass die Autofahrer den Radfahrer als

gleichberechtigten Verkehrsteilnehmer wahrnehmen. Man muss sich eine gewisse Frechheit gegenüber Autofahrern angewöhnen, deutlich sichtbar mit einer roten Warnweste, und mit eingeschaltetem Licht fahren, so wird man wahrgenommen und respektiert. Man braucht ein dickes Fell und einen breiten Rücken um an Engstellen so zu fahren, als wäre man ein Auto. Sie lesen richtig, ein Radfahrer, der sich an einer Engstelle bei einer Verkehrsinsel zu zaghaft verhält, wird von Autolern gnadenlos an den Rand gequetscht, geschnitten und mit 20 cm Abstand passiert, da gibt es nur ein Rezept - wenn die Straßenbreite das Überholen eines LKW's oder PKWs nicht zulässt, in der Straßen-Mitte fahren, niemand mehr vorbeilassen, dabei kommt ihnen ihre Pedelec-Schnelligkeit sehr entgegen, weil sie fast so schnell wie die Autos unterwegs sind. Keine Bange, Sie haben alle Verkehrsregeln auf ihrer Seite, denn im Grunde benötigt der Radfahrer mit seinen gelegentlichen Ausschlenkern, genau so viel Platz wie ein Auto, nämlich 2,50 m. Ein Autolenker muss zu Radfahrern ca. 1,5 m Abstand halten, da der Radler 0,65 m breit ist und vom rechten Rand auch noch 0,80 m Abstand halten darf, sind diese 2,50 m noch recht knapp bemessen. Was viele Radler auch nicht wissen, sie müssen von parkenden Autotüren soweit wegbleiben, dass sie nicht gegen eine zufällig geöffnete Tür knallen können. (Zu dem Thema gibt es sogar Gerichtsurteile, siehe hierzu auch die Website des ADFC - Allgemeiner Deutscher Fahrrad Club) Sie sollten also beim Passieren von parkenden Fahrzeugen immer genau hinschauen ob noch jemand drinsitzt, der im nächsten Moment die Tür aufreißt. Wenn Sie bei der Annäherung in den Rückspiegel der stehenden Fahrzeuge reinschauen, sehen Sie auch recht gut, ob noch ein Fahrer am Steuer sitzt. Auch vor Ampelschlangen, steigen schnell mal Leute auf der Beifahrerseite aus, ohne vorher nach hinten zu schauen.
 http://www.adfc-nrw.de/kreisverbaende/kv-bottrop/radverkehr/wo-radfahren.html).

Das bedeutet natürlich, dass viele Radwege in den Städten überhaupt nicht sicher befahren werden können. Aber, wir sind ja schon froh, dass es sie überhaupt gibt und wir nehmen alle mögliche Rücksicht auf die Autoler, fahren, wenn möglich schnell wieder an den Straßenrand und lassen sie durch. Was Autoler auch selten beachten ist, dass die

Radwege oftmals nur an einem Straßenrand und dann noch auf der „falschen Seite" und zu allem Übel auch noch auf dem Bürgersteig ausgewiesen werden. Der Radler bewegt sich sozusagen gegen die Fahrtrichtung der Autos. Kommt nun ein Auto aus einer Seitenstraße, die fahren ja heutzutage auf „Spitz und Knopf" ohne rechts und links zu schauen auf die Bordsteinkante vor, um dann nach rechts, oder links raus zu schießen. Viele wissen nicht einmal, dass ein Fahrer, der auf der Vorfahrtsstraße von rechts oder links kommt, je nach Verkehrssituation auch berechtigt ist seine linke, also die andere Fahrbahnseite „mitzubenutzen". Auf einen in der „falschen Richtung" daherkommenden Radler, kann man da natürlich auch nicht achten. Äußerste Vorsicht ist also geboten, wenn man sich auf dem linken Radweg bewegt. Ein großes Problem ist, dass Autoler fast immer zu schnell auf Radler zustürmen. Da gibt es im Wesentlichen vier Situationen im Begegnungsverkehr, die den Radler zum Wahnsinn treiben:

Autofahrer halten beim Überholen- oder Entgegenkommen, zu Radfahrern selten genug Abstand, man hat den Eindruck, dass manche 20 cm für ausreichend halten, selbst wenn sie mit 50 bis 80 km/h unterwegs sind.

Kommt dem Radler auf einer schmalen Straße oder an Engstellen ein Autofahrer entgegen, denkt der fast nie daran seine Geschwindigkeit zu reduzieren. Da ich nicht lebensmüde bin, fahre ich in der Straßenmitte weiter, egal ob einer von hinten oder von vorn kommt, so wie es der Autofahrer auch tut, ich beobachte ihn genau, auch im Spiegel, was er macht und dann passiert das Wunder, er verzögert. Nun kann man einigermaßen sicher wieder an den rechten Straßenrand fahren und dem Autofahrer freundlichst dafür danken, dass er einem am Leben gelassen hat. Aber Vorsicht, die genannten Manöver dürfen nur unter alleräußerster Vorsicht und nur wenn nach vorn und hinten noch genug Straße vorhanden ist, angewandt werden, sonst rate ich dem Radler lieber in die Wiese, oder auf den Bürgersteig zu flüchten.

In die für den Radler gefährlichste Situation, kann man sehr schnell kommen, wenn man sich beim Linksabbiegen auf einer viel befahrenen Straße in der Mitte einordnet, als wäre man ein Auto. Dann flitzen die Autoler rechts und links an Ihnen vorbei und Sie sitzen in der Mausefalle. Die Entgegen-Kommer lassen den Radler nicht rüber, die von hinten klemmen ihn wie zwischen Mühlsteinen ein, keiner macht was falsch, oder? Aber wenn nur eine klitzekleine Störung auftritt, sind Sie tot. Ich rate deshalb am Straßenrand so lange zu warten, bis die Straße in beiden Richtungen autofrei ist. In manchen Verkehrssituationen, z. B. an großen Kreuzungen, sollte man als Radler besser in der Mitte der Fahrbahn stehen bleiben und die Hand links raushalten, so wird man weder links noch rechts überholt und oh Wunder auch nicht an gehupt. Stellt man sich dagegen an die linke oder rechte Seite der Fahrspur, nimmt bestimmt niemand Rücksicht. Aus meiner Erfahrung heraus kann ich jedem Radfahrer nur raten sehr auffällig, selbstbewusst und mit greller Kleidung zu fahren, genau so, als hätte er ein Auto unter dem Hintern, denn in Stadtverkehr sind Radfahrer oft schneller als Autofahrer.

Versuchen Sie mal mit ein paar Radlern über eine viel befahrene Straße zu kommen. Obwohl die Straßenverkehrsordnung vorgibt, dass Radfahrergruppen von Autofahrern rüber gelassen werden müssen, hält niemand an. Na klar, es ist ja nicht bekannt und es hat wegen dieses Vergehens auch noch niemand einen Strafzettel bekommen. Versuchen Sie in dieser Situation einmal mit Fahrrädern über die Straße zu kommen. Sie werden es nicht schaffen. Wir kennen da eine Landstraße, die wir regelmäßig überqueren müssen. Jedes Mal schweben wir in Lebensgefahr. Da können Sie versuchen was sie wollen, keiner lässt sie rüber, da wird gnadenlos alles zusammengehupt, was sich da bewegt. Einmal schafften wir es in einer kleinen Fahrzeug-Lücke so schnell wie es ging rüberzukommen, schon quietschten die Bremsen, das war einer der bremste und uns rüber winkte, ein unaufmerksamer Zeitgenosse dem es nicht mehr reichte, musste sogar noch in die Wiese fahren, sonst hätte es gekracht. Deutscher Autofahreralltag, dicht Auffahren und davon träumen, dass die Straßen nur für ihn allein da sind.

Autofahren, welch ein Graus,
die Rad-Seligkeit breitet sich aus,
ob Style-Rad, Trecking oder Pedelec,
Rennrad und Mountainbike,
jedes Rad für seinen Zweck.
Ist der Berufsstress endlich weg,
fahr ich zum Ausgleich Pedelec.

Rei©Men

Hupen Sie nie einen Radfahrer an, der reagiert äußerst gereizt:
Warum? Weil er selber nur eine Klingel hat und nicht zurückhupen kann.

Rei©Men

Das oben erwähnte Überlebenstraining gilt natürlich auch für enge Kreisverkehre, nie in der Ausfahrt am rechten Rand fahren, sonst kommen Sie unter die Räder, besonders unter die von LKW, s mit Anhängern und Gliederbussen. Immer schön in der Mitte fahren und auch die Kreisverkehrsausfahrt mittig passieren, denn im Kreisverkehr fahren alle recht langsam, Sie halten den Verkehr nicht wesentlich auf.

Wie wenig Rücksicht Autofahrer aus Radfahrer nehmen zeigt ein Beispiel, das ich selbst erlebt habe. Etwas weiter vorn war eine Radfahrer auf der Bedarfsspur umgefallen. Da Rad lag auf der Straße und der Radler stand in seinem Rad drin, die Autos fuhren im Bogen um ihn herum. Er hob es auf und versuchte aufzusteigen, dabei verhakte er sich in seinem Gerät und fiel nun auch noch selber auf die Straße. Die Autos fuhren ohne anzuhalten, ungerührt um ihn herum, teilweise 30 cm an seinem Kopf vorbei. Der Gegenverkehr wich auf die andere Bedarfsspur aus, ich kam mit meinem Fahrrad gerade noch rechtzeitig bei ihm an uns half ihm auf. Aber auch von der anderen Straßenseite kam eine Fußgänger und stoppte nun enlich den gesamten Verkehr. Das ist die heutige Verkehrsnormalität, über die sich schon niemand mehr aufregt.

Eigenartiger Weise gewähren viele Autofahrer an Fußgängerüberwegen dem Radler das Überqueren des Zebrastreifens und halten an, weil sie nicht wissen, dass der Radler nur >Vorrang< hat, wenn er >mit grüner Fahrrad-Ampel<, auf einem Radweg fährt. Nur wenn der Radfahrer sein Rad über den Zebrastreifen schiebt, hat er Vorrang. Also Vorsicht! Sie dürfen auch bei „Grün" an Fußgängerampeln nicht einfach drüber radeln. Sie sind mit dem Rad nur Fußgänger, wenn sie absteigen und schieben. An Radfahrerampeln darf natürlich rüber geradelt werden, wenn die Ampel grün zeigt. Es versteht sich von selbst, dass man bei hohem Fußgängerverkehr sein Rad schiebt, auch auf Bürgersteigen und in Fußgängerzonen die für den Radverkehr freigegeben sind, in denen man aber mit der nötigen Vorsicht radeln darf. Besondere Vorsicht gilt, wenn Kinder, alte Leute, Frauen mit Kinderwagen und Hunde auftauchen. An Engstellen, die man nicht einsehen kann gilt: Schritttempo fahren oder notfalls absteigen.

Ein großes Ärgernis, nicht nur für Fußgänger, sondern auch für disziplinierte Radler, sind die sogenannten >Kampfradler<, das sind Leute für die die Straßenverkehrs-Ordnung nicht existiert. Hier ist vor allem der Staat gefordert, der es aus Kostengründen vernachlässigt, an neuralgischen Punkten den Rad-Verkehr zu überwachen. Überhaupt sind ja Verkehrspolizisten aus dem Straßenbild fast vollkommen verschwunden, wenn sie dann doch mal auftauchen, sitzen sie in ihren Autos und fahren zum aktuellen Verkehrsunfall, den sie eigentlich durch ihre Prävention auf den Straßen hätten verhindern sollen.

Ende des Auszugs

Wenn Sie aufmerksam gelesen haben, werden Sie nun als Autofahrer wissen, wo dem Radfahrer der Schuh drückt und wie Sie sich ihm gegenüber zu verhalten haben, denn die meisten Autofahrer sind auch gleichzeitig Radfahrer und zudem Fußgänger, sobald sie aus ihrer Kiste aussteigen.

Fußgangfahrer

Fußgänger sind keine Verkehrsteilnehmer,
sondern Straßen-Störenfriede der übelsten Sorte,
die sich in dem selbstverständlich nur für Autos
reservierten Verkehrsraum, in unverantwortlicher
Art und Weise, grob fahrlässig bewegen und den
Verkehrsfluss behindern. Da nur Autofahrer ordentliche
Verkehrsteilnehmer sind, sollten Sie immer daran
denken, dass sie auch „nur noch Fußgänger sind",
wenn sie aus ihrem Fahrzeug aussteigen.

Rei©Men

Radwege und Bürgersteige sind keine Parkplätze, man muss sich klar-machen, dass es eine grob fahrlässige Verkehrs-Übertretung ist, wenn man „auch nur kurzfristig" den Bürgersteig oder den Radweg zuparkt. Der Radfahrer, oder eine Frau mit Kinderwagen, ein Rollstuhl oder Rollator Fahrer bzw. Kind mit dem Roller oder einem Fahrrad >Muss noch durch können <. Zwingt man sie auf die Autostraßen auszuwei-chen, setzt man Sie genau den Gefahren aus, wovor man sie auf dem Bürgersteig oder dem Radweg bewahren wollte.

Das Bergauf- und Bergabfahren

Die Überschrift hört sich heutzutage fast lächerlich an, aber ich habe den Führerschein im Flachland gemacht und bei vielen anderen ist das bis heute so. Ein alter Kraftfahrerspruch lautet: Fahre den Berg mit dem gleichen Gang runter, mit dem du auch hochgefahren bist. Als ich dann das erste Mal einen Berg-Pass in Österreich hochfuhr, wunderte ich mich, dass am Straßenrand viele Fahrzeuge mit offenen Motorhauben standen um ihren Motor abzukühlen. Es dauerte nicht mehr lange, dann stand ich auch so da. Beim Herunterfahren setzte ich natürlich einen kleinen Gang ein und bremste mit dem Motor, trotzdem musste ich vor den engen Serpentinen-Kurven noch bremsen und so dauerte es nicht lange, bis die Bremsbelege qualmten. Wieder musste ich anhalten und abkühlen lassen. Das zeigt natürlich nur auf, dass die damaligen Fahrzeuge mit schlechten Kühl- und Bremssystemen ausgerüstet waren. Aber auch heutzutage kommt man bei langen Bergfahrten, schnell an die Grenzen der Physik. Was lernen wir daraus:

Fahre den Berg mit kleinem Gang und mäßiger Geschwindigkeit hoch und lass das Fahrzeug mit dem gleichen Gang langsam herunterrollen. Bremse nur sehr sparsam einsetzen, sonst erleben sie das eklige Gefühl, wenn die Bremsen nicht mehr packen und das Fahrzeug unkontrolliert den Berg runter rauscht. Dann hilft ihnen nur noch schnell herunterschalten und die Handbremse betätigen. Das Gesagte gilt auch für die modernen Automatikschaltungen. Sie werden fragen wieso die Handbremse, weil heute die meisten Fahrzeuge eine unabhängige Hand-Bremstrommel haben, die dann noch nicht überhitzt ist. Was ist zu tun, wenn der Wagen aus welchen Gründen auch immer mit Motor-Fuß- oder Handbremse nicht mehr zu stoppen ist. Auf einer Bergabfahrt würde ich das Fahrzeug ohne lange zu überlegen an die Bergwand herfahren, das ist besser, als den Abhang runter zu stürzen. Wenn eine Leitplanke vorhanden ist, eignet sich diese zum Abbremsen besser, als die Bergwand von der man zurückgeschleudert werden kann, weil sie Schroffen und Kanten hat.

Der Zebrastreifen

Ein Dummkopf hat sie sich falsch ausgedacht und dabei ist es bis heute geblieben. Keine Macht der Welt kann daran etwas ändern, die Zebrastreifen bleiben für jeden Autofahrer in seiner Richtung einladend zum Weiterfahren. Warum ordnet man an Fußgängerüberwegen die Streifen nicht quer zur Fahrbahn an? und stoppt damit weithin sichtbar die Fahrzeuge. Das wissen nur die Götter, doch die reden nicht mit uns. In den Verkehrsproblemen mit dem Fahrrad habe ich es schon angesprochen, hier nun noch einmal. Am Zebra-Streifen hat der Radfahrer nur das Vorrecht, wenn er das Rad schiebt und zu Fuß die Straße überquert. Fußgänger die über den Zebrastreifen rüber möchten, sollten dies auch deutlich anzeigen, weil der Autofahrer ja nicht hellsehen kann. Also an den Zebrastreifen hinstellen und mit der Hand in Richtung Straßenmitte zeigen. Das kann man auch schon machen, wenn man kurz vor einen Zebrastreifen ist und rüber möchte und nicht einfach drüber latschen, das ist lebensgefährlich.

Der Motorradfahrer

Das Verhalten gegenüber Motorradfahren muss eingeübt werden. Die meisten von ihnen fahren ohne die Straßenverkehrsordnung einzuhalten, offensichtlich haben sie diese nicht gelernt und nie gelesen. Da kenne ich nur eine Methode: Schnellstens vorbeilassen. Alles andere ist sinnlos, weil man den Biker ständig im Spiegel beobachten muss, damit man weiß, was er macht und wo er sich im Moment befindet und ob er nicht gerade im ungeschicktesten Moment links, oder auch rechts überholt. Das ist wie im Teilchen-Beschleuniger CERN, gerade noch da, oder nur virtuell vorhanden und schon wieder wo anders. Das erfordert viel zu viel Konzentration, weil man das übrige Verkehrsgeschehen ja auch überwachen muss. Also, soweit wie möglich rechts ranfahren und verzögern, schwupp, schon ist das Teilchen weg und man hat es vor sich unter Kontrolle, aber nur, wenn man, wie schon immer wieder angemahnt, Abstand einhält. Mit Motorradfahren ist immer allergrößte Vorsicht geboten, man weiß nie was sie tun werden, sie könnten auch direkt vor ihnen stürzen.

Die Beschleunigung des Lebens

Zeit schinden durch schnelles, rücksichtsloses Fahren nennt man Pressing. Manche Autofahrer meinen durch dichtes Auffahren auf den Vorausfahrenden Druck ausüben zu können, damit er schneller fährt als erlaubt. Sie signalisieren, jeder der die Geschwindigkeits-Beschränkungen einhält, ist „bescheuert". Versuchen Sie mal die 30 oder 50 einzuhalten, in kürzester Zeit ziehen Sie einen Rattenschwanz von Fahrzeugen hinter sich her, der mit Unmut reagiert und wo es gerade machbar erscheint sie sofort überholen wird. Wie kommt es zu dieser gefährlichen Verhaltensweise? Es gibt dafür viele Ursachen. Da ist einmal unsere schneller gewordene Taktzeit im Arbeits- und Lebensprozess, das fängt schon früh morgens an und man zeigt es uns auch im Fernsehen. Die Ehefrau hat liebevoll das Frühstück gerichtet, aber keine Zeit, keine Zeit, ich muss heute noch usw. usf. Es wird zwischen Bett und Tür schnell ein Kaffee rein geschüttet, zum Auto gehastet, in die Rushhour gestürzt und die Tageshetze geht los. Sicherlich hat das etwas mit unserer Gesellschaftsordnung und dem Leistungsdruck zu tun. Da kann nur ein Umdenkprozess weiterhelfen und zwar nicht der des Einzelnen, der von der Strömung mitgerissen wird, sondern ein generelles, ähnlich dem, der mit dem Umwelt-Bewusstsein und der Energiewende in Gang gekommen ist. Zur Ehrenrettung der Autofahrer sei noch gesagt, dass es auch gute Fahrer gibt, aber sie sind leider in der Minderheit. Diese Fahrer ärgern sich über die Pressingfahrer und halten dann dagegen, werden selber zu Pressern. Das ist wie auf dem Fußballplatz, hackt dir einer dauernd schmerzhaft in die Knochen rein, verpasst du ihm beim nächsten Mal einen Ellbogencheck. Doch das wäre eine Aufgabe für Vordenker und Politiker.

Als nächstes wären die Autohersteller, die es im Laufe der Jahre geschafft haben immer schwerere und schnellere Fahrzeuge unters Volk zu bringen aufgefordert, gemäßigte Autos statt Rennmaschinen zu bauen. Man benötigt, um sich mit angenehmer und beherrschbarer Geschwindigkeit fortzubewegen, eigentlich nur 50 kw Motoren und auch nur einfache Autos. Stattdessen hat sich durch Prestigedenken das Fahrzeug zum privaten Spielzeug für kleine Jungen und Mädchen entwickelt und keiner will mehr davon ablassen.

Das war schon im Postkutschenzeitalter so, da wurden Luxuskutschen angeschafft, nur um spazieren zu fahren und sich dem einfachen Volk zu zeigen: Hier seht mal, was wir uns leisten können und so ist es bis heute geblieben. Da werden Pick-ups, Land Rover und Wüsten-Survivals oder s. g. SUVs (*Sport Utility Vehicle*) angeschafft nur um zum Bäcker zu fahren. Niemand denkt mehr drüber nach, alles wird staatlicherseits genehmigt und gefördert, auch was im Stadtverkehr nichts zu suchen hat, nur damit die Autoindustrie gut davon leben kann. Arbeitsplätze sind das Zauberwort. Da werden Umweltauflagen welche die EU auflegt manipuliert, da platzen die Autolobbyisten vor Stolz fast aus den Nähten, egal wieviel Tote auf ihren Wegen liegen bleiben. Eine total verrückte, verkehrte Welt. Und letztlich sind es vor allem die uneinsichtigen Autoraser, die offensichtlich durch nichts und Niemand zu Besserung zu bewegen sind.

Die Entschleunigung des Lebens

Fast jeder war schon einmal ein paar Wochen krank im Bett oder im Krankenhaus gelegen. Andere machten eine lange Schiffsreise, einen Segeltörn oder nehmen aus anderen Gründen monatelang nicht mehr am Straßenverkehr teil. Bei vielen Menschen entsteht dieser Effekt schon nach langen Flügen und dem damit verbundenen Zeitzonenwechsel. Jetzt heißt es aufgepasst, nicht schnell mal in ein Auto setzen und losfahren. Der Grund dafür ist die Entschleunigung des Lebens. Sie stellt sich nicht übers Wochenende ein, wenn sie aber ein paar Wochen aus dem Alltagsgetriebe herausfallen, beherrscht sie dieser Effekt. Sie wollen zurück in ihr altes Leben und merken, es geht überhaupt nicht, sie brauchen ein paar Tage um sich wieder einzugewöhnen. Anders gesagt, sie leben in einer anderen Geschwindigkeits-Zeitzone, aus der sie nicht so einfach in eine höhere Ebene wechseln können. Deshalb ist anzuraten nur mit äußerster Vorsicht Auto zu fahren oder sich in den ersten Tagen fahren zu lassen. Im Übrigen ist es sinnvoll solche Entschleunigungsphasen öfter mal einzulegen, manche >sind dann mal weg<, oder gehen ins Kloster, die meisten stürzen sich aber im Urlaub in erhöhte Beschleunigungs-Karussells, aus welchen sie nicht mehr ohne therapeutische Hilfe herauskommen.

Das richtige Kurvenfahren

Das richtige Kurven fahren ist wohl eine Kunst, die nur Auto-Rennfahrer richtig beherrschen, aber auch wir Normal-Fahrer sollten uns ein paar grundsätzliche Regeln einprägen. Zunächst muss man wissen, welchen Antrieb das Auto hat. Kleinere Fahrzeuge werden heutzutage meistens einen Frontantirieb haben, der eher das Untersteuern unterstützt. Größere Fahrzeuge z. B Mercedes, Audi, BMW oder die SUW's haben in aller Regel einen Heckantrieb, der eher zum Übersteuern neigt. Das ideale Fahrzeug hat natürlich einen Allradantrieb, nur – wer fährt schon in der Stadt und auf Landstraßen mit eingeschaltetem Allradantrieb? Es gibt auch kaum noch Fahrzeuge ohne ABS = Antiblockiersystem, dieses verhindert aber nicht das Über- oder Untersteuern. Allerdings verhindert die Stotter-Bremse, dass die Räder beim Bremsen blockieren und das Fahrzeug dann unkontrolliert den physikalischen Gesetzen folgend über die Straße rutscht. Da Straßen in ihrem Kurvenverlauf selten den Radien von schnellen Fahrzeugen angepasst sind, müssen wir die zur Verfügung stehende halbe Straßenseite entsprechend ausnutzen, indem wir jeweils die Scheitelpunkte der Kurven ansteuern. Das heißt, eingangs einer Rechtskurve etwas verzögern und dichter nach links an den Mittelstrich heranfahren, bis zum Scheitelpunkt der Kurve lässt man das Fahrzeug mit der Restgeschwindigkeit weiterlaufen und peilt den rechten Straßenrand an. Hat man den Scheitelpunkt der Kurve erreicht wieder Gas geben, gegebenenfalls die Straßenmitte und damit meine ich die Mittellinie oder die nächste Kurve ansteuern. Hat man eine Kurve zu schnell angefahren, driftet das Fahrzeug in die Straßenmitte, solange die Hinterräder noch nicht ausbrechen, kann man noch sehr vorsichtig bremsen, aber keinesfalls ruckartig einsteigen. Wenn die Hinterräder ausbrechen, man nennt das Übersteuern, hilft nur noch eines, man nennt diesen Vorgang Gegensteuern. Dabei gibt man dem Fahrzeug die Möglichkeit kontrolliert in die Ausbrechrichtung zu driften indem man die Räder vorsichtig links einschlägt und so verhindert, dass sich das Fahrzeug dreht und wenn man Glück hat „nur" in der Gegenrichtung zum Stehen kommt. In einer Linkskurve ist der Ablauf natürlich umgekehrt. Durch das Driften verringert sich die Geschwindigkeit weiter und wenn man nicht allzu schnell unterwegs war, müsste man im Scheitelpunkt der Kurve wieder Gas geben können. Andernfalls landet man auf der Gegenfahrbahn und eventuell im Gelände. Rennfahrer sagen dann: „Mir ist die Straße ausgegangen". Beim Untersteuern brechen die Vorderräder in der Rechtskurve nach links aus. Dieser Vorgang lässt sich korrigieren, indem man wie beim Übersteuern etwas nach links lenkt. Aber immer nur so viel, dass die Hinterräder nicht ausbrechen. Man gibt dem Fahrzeug die Möglichkeit quer zu driften und verhindert den Dreher. Das alles ist natürlich graue Theorie, es darf nämlich keiner entgegenkommen! Am besten man meldet sich auf einem Verkehrsübungsplatz an und trainiert sich diese Fertigkeiten an. Dazu noch ein Film in YouTube, den Sie sich ansehen sollten: http://www.youtube.com/watch?v=SpTRjLycqqo

Rechtskurven sind natürlich immer einfacher und leichter zu fahren als Linkskurven, denn in Linkskurven ist man mit den Außenrädern schneller am Straßenrand und kommt schnell von der Straße ab. Deshalb sollten Linkskurven immer vorsichtiger gefahren werden als Rechtskurven. Fahranfängern rate ich den beschriebenen Kurvenstil anfangs nur in Rechtskurven zu üben. Nun werden Sie sagen, wozu das Ganze ich fahre sowieso langsam, die einfache Erklärung ist simpel. Man kommt immer mal in Situationen, wo man den Straßenverlauf unterschätzt hat und dann ist diese Kunstfertigkeit gefragt. Deshalb sollte man sie üben und beherrschen indem man jede Kurve in diesem Stil ansteuert, dass ergibt zusätzliche Sicherheit und man wird selten in Schwierigkeiten kommen. Ganz wichtig wird dieser Kurvenstil, wenn man Straßenkuppen vor sich hat, man kann die Straße hinter der Kuppe nicht sehen, also sollte man zuerst etwas die Geschwindigkeit reduzieren, dann die Kurve oder die Kuppe ansteuern und wenn man wieder freie Sicht nach vorn hat Gas geben.

Das richtige Überholen

Richtiges überholen ist eine der schwierigsten Manöver die beim Autofahren anfallen. Am besten man „schwimmt im Verkehr" mit und überholt so wenig wie möglich. Ich überhole grundsätzlich nur, wenn vier Voraussetzungen gegeben sind.

1. Es muss ein triftiger Grund zum Überholen vorhanden sein, ein sehr langsamer LKW zum Beispiel.
2. Die Gegenfahrbahn muss soweit man sehen kann und auf die Länge, die ich zum Überholen benötige, von anderen Fahrzeugen frei sein.
3. Die Sicht- und Straßenverhältnisse müssen absolut gut sein. Also kein Regen, Glätte, Laub, Nebel oder in der Nacht, wenn die Sichtverhältnisse eingeschränkt sind.
4. Gemäß Straßenverkehrsordnung hat das erste Fahrzeug, welches hinter dem „langsamen" fährt auch das Recht zuerst zu überholen. Das wird aber meistens nicht beachtet, deshalb Obacht, vor dem Überholen in den Rückspiegel schauen, ob nicht noch ein Kolonnenspringer von hinten kommt.

Die häufigsten Gründe zum Überholen sind zu langsame Fahrzeuge. Fahren aber viele langsame hintereinander, sollte man nicht überholen, sondern im Fahrzeugstrom mit schwimmen. Da im heutigen Verkehr die Fahrzeuge sehr dicht hintereinanderfahren, ist das sogenannte Kolonnenspringen lebensgefährlich, weil man sich am Ende einer kleinen Teilstrecke, wieder in die rechte Kolonne einreihen muss. Dabei zwingt man andere Fahrer zu Bremsmanövern, die wiederum die Kolonne rückwärtig aufstauen, was zu Auffahrunfällen führen kann. Man ist auch nie sicher, dass sich alle Fahrer innerhalb der Kolonne so verhalten, dass man ohne Probleme den Überholvorgang beenden kann. Oft scheren auch Vorausfahrende aus, wollen ihrerseits überholen, ohne in den Spiegel zu schauen oder Fahrzeuge die den Überholenden nicht bemerken, kommen über die Mittellinie. Es kommt auch häufig vor, dass Fahrer aus Seitenstraßen in die vermeintlich freie Fahrbahn einfahren, also in die Überholstrecke, das sind alles viele Gefahrenpunkte, die man nicht im Griff hat.

Eine alte Fahrer-Weisheit lautet deshalb: Im Zweifel nie Überholen. Hat man sich aber entschlossen zu überholen, sollte man das auch entschlossen tun, indem man richtig Gas gibt und den Überholvorgang so schnell wie eben möglich abschließt. Dabei ist es wichtig, schon lange vorher den Blinker zu setzen und mit einem Geschwindigkeits-Überschuss auf den zu überholenden auffahren, natürlich unter Einhaltung des Sicherheitsabstandes, so kommt man noch schneller vorbei, dann langsam nach links fahren, niemals abrupt die Fahrbahn wechseln, Lichthupe mehrmals betätigen und auch niemals abrupt wieder nach rechts fahren, sondern schön kontinuierlich und kontrolliert. Kommt der zu Überholende nach links ab, sollte man Dauerhupen, bremsen und sich wieder hinter das Fahrzeug zurückfallen lassen. Das geht schneller, außer man ist schon vorn an der Fahrerkabine und fährt mit hohem Geschwindigkeitsüberschuss.

Was tun, wenn man sich trotz aller Vorsicht verkalkuliert hat. Zurückfallen lassen ist in jedem Fall sicherer, als durchstarten. Es kommt darauf an, den Überhol-Vorgang in zwei Teile zu zerlegen. Der erste ist das Anfahren bis in die Mitte des zu Überholenden, ist bis dahin alles klar, durchstarten. Ist das nicht der Fall, zurückfallen lassen und wieder in die rechte Fahrbahn einschwenken. Beim „zurückfallen lassen" hat man immer mehr Zeit zur Verfügung, als wenn man gegen einen von vorn herankommenden wieder nach rechts rüber muss. Probieren Sie es mal aus, neben ein anderes Fahrzeug fahren, bremsen, der andere hilft ja mit, weil er mit seiner alten Geschwindigkeit weiterfährt, Sie dagegen bremsen. In Bruchteilen von Sekunden ist man wieder hinter dem anderen.

Der Blindflieger auf der falschen Fahrspur

Jeder Fahrer hat es schon mal erlebt, plötzlich taucht vorn ein Fahrzeug auf der falschen Fahrbahn auf, dann sofort und bis zum Stillstand und unter rechts heranfahren stoppen. Was Sie unbedingt vermeiden müssen ist, dass ihr Fahrzeug ins Schleudern kommt. Bremst der Falschfahrer auch, passiert überhaupt nichts. Leider sieht man immer und viel zu häufig das Gegenteil. Obwohl der Richtigfahrer den Überholer herankommen sieht, fährt er lustig weiter, als ob er dem Falschfahrer damit zeigen will, was für ein Blödmann er ist. Am Ende ist er selbst der Blödmann, wenn es aus irgendeinem Grunde schiefgeht, dann fragt nämlich die Polizei, wo seine Bremsspur ist, bzw. warum er nicht zum Stillstand gebremst hat. Auch die Blindflieger auf der falschen Fahrbahn können es nicht lassen, einmal zum Überholen entschlossen, ziehen sie ihren „Stunt" gnadenlos durch, komme was da wolle. Die anderen werden schon aufpassen, außerdem habe ich ja sieben Leben. Wie an anderer Stelle schon gesagt, sollten Sie nach Fluchtwegen Ausschau halten, lieber im letzten Moment in den Graben fahren als einen Frontal-Zusammenstoß riskieren. Aber wirklich erst in allerletzter Sekunde die Bremse lösen und von der Straße rechts runter.

Der Drängler

Der Drängler ist ein Zeitgenosse der besonderen Art, den unsere moderne Welt hervorgebracht hat. Die Frage ist ja nicht, wie wir ihn abschaffen oder umerziehen können, das schafft niemand, sondern, wie wir ihn hinter uns loswerden. Da droht mir einer von hinten mit seinem Auto in mich hinein zu rasen. Immer schielt er links und rechts vorbei um mich nervös zu machen. Damit will er mir signalisieren: „Du fährst viel zu langsam, du bist ein Idiot, mach dich endlich von der Straße runter und lass mich vorbei, ich bin der Stärkere, der bessere Autofahrer", dann fährt er bis auf ein - zwei Meter hinten auf und fängt an zu blinken. Also nun mal ehrlich, wenn ihnen ein anderer Mensch zu nahekommt, dann weichen sie doch sicher zurück. Eventuell lassen sie ihn stehen oder gehen einfach weg, aber auf der Fahrbahn können Sie sich nicht in Luft auflösen. Also, wenn so einer hinter mir ist, verlangsame ich total meine Geschwindigkeit. Dazu bin ich berechtigt um Schlimmeres zu verhindern, schließlich muss ich befürchten, dass der Pressing-Fahrer hinten auffährt oder irgendeinen anderen Schei.....macht, in den ich dann, vielleicht sogar lebensgefährlich verwickelt werde. Habe ich ihn soweit verlangsamt, dass die Sache für mich ungefährlich geworden ist, gehe ich soweit wie möglich und demonstrativ nach rechts um ihn zum Vorbeifahren zu animieren. Sind mehrere Pressingfahrer hintendran, lasse ich sie alle vorbei und habe meine

Fahrruhe zurückgewonnen. Mitunter gibt es auch am Straßenrand Parkbuchten in die man kurz reinfahren kann, um solche ungeduldigen Zeitgenossen loszuwerden. Der Drängler schiebt sich auch bei Abbiegespuren an ihrer linken oder rechten Seite vorbei, bevor Sie noch entscheiden können welche Spur Sie nehmen wollen. Dabei fahren diese Zeitgenossen schnell hinten dicht auf, schießen dann an ihre linke oder rechte Seite vor und wehe sie lösen sich nicht sofort in Luft auf, dann werden sie sehr böse und zeigen ihnen mit minutenlangem Parallelfahren verbal den Vogel. Da gibt es nur eins: Nicht provozieren lassen - nicht mal rüber sehen - einfach gar nicht ignorieren.

Der Abbieger

Wenn man nach rechts abbiegen will, sollte man je nach Geschwindigkeit schon ca. 50 - 100 Meter vor dem Abbiegen die Fußgänger und auch die Radfahrer am Straßenrand beobachten und kurz vor den Rechtsschwenk, noch mal kurz in den rechten Rückspiegel schauen, ob sich nichts verändert hat, nur so kann man sicher sein, dass man niemand übersieht.

Das Linksabbiegen ist wesentlich komplizierter. Zunächst muss man sich rechtzeitig links einordnen, also schon in der Anfahrt signalisieren wo man hinfahren will, aber noch nicht blinken, sondern erst kurz bevor man in die Abbiegespur einschwenkt, dann nicht ruckartig nach links wechseln, sondern langsam und zügig nach links fahren. Warum? Immer wieder passiert es, dass eilige Fahrer, die es kaum erwarten können den Vordermann/Frau loszuwerden, schon Gas geben, bevor der vorne weg ist und noch „dichter" auffahren. Das kann man verhindern, wenn man den Blinker nicht zu früh setzt, spätestens aber kurz bevor die Abbiegespur beginnt, muss der Blinker raus und dann sofort danach die rechte Fahrspur freigeben.

Doch die Gefahren lauern auch im Gegenverkehr, da gibt es genauso eilige Fahrer, die rücksichtslos die Abbiegespur der Gegenfahrbahn überfahren, wenn sie an einem Fahrzeug das verzögert, weil es rechts abbiegen will nicht schnell genug vorbeikommen. Auf diese Chaoten müssen Sie aufpassen, denn die kommen Ihnen entgegen und fahren in ihre Abbiegespur hinein. Deshalb fahre ich nie schnell rüber, so habe ich immer zwei Möglichkeiten, entweder- auszuweichen oder zu bremsen. Liegt von Ihnen aus gesehen, die Links-Abbiegespur in einer Rechtskurve, ist besondere Aufmerksamkeit erforderlich, weil Entgegenkommer mit großer Wahrscheinlichkeit die Kurve "schneiden", alle Fahrbahnmarkierungen ignorieren und ihre Abbiegespur überfahren. Also, immer den Gegenverkehr beobachten.

Weitere Gefahren entstehen durch den Schwerlastverkehr, speziell „Auflieger", die Container befördern, schwenken in ihre Abbiegespur hinein, wenn sie entgegenkommend an einer Kreuzung rechts abbiegen. Hier sollte man genau beobachten, an welcher Stelle der vordere Teil des LKW' s in die Fahrbahn einschwenkt und so weit wie möglich rechts fahren. Ist das nicht ausreichend, muss man eben in der Abbiegespur anhalten, um den LKW durchzulassen.

An Kreuzungen ohne Abbiegespuren, kommt es immer wieder zu Missverständnissen, weil die Fahrer den Blinker vergessen haben. Will ich links abbiegen und der von gegenüber blinkt nicht, weiß ich nicht ob er nach links, rechts oder geradeaus will, denn bei Rechts- oder Geradeausfahrt hätte er Vorfahrt, aber er fährt nicht. Was macht man nun am besten? Ich fahre in diesem Fall vorsichtig, links blinkend in die Kreuzung ein und warte ab was er tut. Nun muss er sich entscheiden, rechts hat er frei, links muss er um mich herum und geradeaus ist für ihn auch frei. Es ist die klassische Situation entstanden, für die es keine Verkehrsregeln gibt. Fahren sie jetzt links ab, müssen Sie vor ihm durch, das ist das Gefahrenmoment wo sie die Mitschuld am Unfall trifft, wenn er seinerseits geradeaus fährt. Sie dürfen zwar geradeaus oder rechts weiterfahren, wollen sie aber links abbiegen, müssen sie sich mit ihm verständigen, denn solange er nicht blinkt, müssen sie davon ausgehen, dass er geradeaus fährt, wo er die Vorfahrt hätte. Sie haben also keine Wahl, wollen sie links abbiegen, müssen sie ihn „zwingen" seine Fahrabsichten anzuzeigen. Also blinken, hupen, gestikulieren, mit Linksblinker und eingeschlagenen Vorderrädern halb vorfahren ermuntern sie den Gegenüber endlich etwas zu tun. Ziemlich kompliziert, aber so ist nun mal das Verkehrs-Geschehen. An Kreuzungen ohne Verkehrsregelung, wo rechts vor links gilt, treffen Sie immer wieder solche "unsicheren Kantonisten" an, denen man etwas "auf die Sprünge helfen muss".

Das Handy und andere Ablenkungen im Auto

Die Handy-Fahrergeneration ist zur Pest geworden, die auch mit schweren Strafen nicht auszumerzen ist. Es ist ja auch ein ganz natürlicher Vorgang: Klingelingeling, - Griff zum Handy, es könnte ja was Wichtiges sein. Ich stehe da auf dem Standpunkt, wenn es wirklich wichtig ist, dann ruft derjenige der mich nicht erreicht hat nochmal an. Außerdem kann man ja bei nächster Gelegenheit nachsehen, wer angerufen hat und dann zurückrufen. Inzwischen gibt es Navigationsgeräte über die man mittels Bluetooth, das Handy zum Telefonieren über die Freisprecheinrichtung benutzen kann. Moderne Fahrzeuge haben eine fest eingebaute Freisprecheinrichtung. Ich halte auch diese Einrichtung für keine gute Lösung, denn man ist so oder so abgelenkt, deshalb gehört telefonieren während der Fahrt gänzlich verboten. Neuerdings hört man, dass die Polizei verlangt, die Hände gänzlich vom Handy weg zu lassen. Sie dürfen es einfach nicht anfassen, auch nicht um es z. B. von der Utensilien-Ablage in die Jackentasche zu stecken. Es wird sogar von Strafzetteln berichtet, weil man "nur rechts ran" gefahren ist, aber den Motor nicht abgestellt hat. So gesehen dürfen Sie dann bei stehendem Verkehr, z. B. auf Grund eines Unfalls, wo Sie in der nächsten halben Stunde nicht weiterkommen, ihr Handy auch nicht anfassen. Ja, man fordert sogar, dass Sie zum Telefonieren den Motor abstellen und den Zündschlüssel abziehen, falls Sie noch einen haben. Ich halte das für übertrieben, dann dürfen sie sich während der Fahrt nicht mal die Nase putzen und schon gar nicht rauchen. Es ist schwer einzusehen, warum das Handytelefonieren bei stehendem Auto verboten, aber das Rauchen am Steuer erlaubt ist. Das sollte nochmal überdacht werden, denn der Fahrer ist beim Anzünden seiner Zigarette mit Sicherheit genauso abgelenkt, wie der Handy-Telefonierer. Kriminell wird es, wenn dem Raucher die Glut in den Schoß fällt, man muss es nicht extra erklären, wie der sich dann fühlt. In Fernsehfilmen wird das Bücken nach Gegenständen im Fußraum, als dramatisches Element benutzt, um einen Unfall einzuleiten. Der Fahrer schaut sekundenlang seinen Beifahrer an, oder es werden Ehestreitigkeiten ausgetragen. Es sollte eigentlich selbstverständlich sein, solche Dinge während der Fahrt zu unterlassen. Sollte mal ein Streit nicht zu vermeiden sein, fährt man rechts ran, aus der Autobahn oder Schnellstraße raus und streitet sich hier weiter. Manchmal hilft auch ein kleiner Spaziergang, damit der Kopf vielleicht wieder frei.

Der Raser

Was mache ich, wenn ich dummerweise zu einem Raser ins Auto eingestiegen bin. Zuerst einmal bitten mit angepasster Geschwindigkeit zu fahren. Reagiert der Fahrer nicht darauf, bittet man ihn noch einmal höflich, weil man „eventuell ein Unwohlsein" verspürt, vielleicht sogar „Kotzen muss", -l angsamer zu fahren. Rast er dann immer noch weiter, bittet man ihn nach weiteren Minuten anzuhalten, weil man mal „müsse", diese Bitte wird niemand einem anderen Menschen abschlagen. Dann schnell aussteigen - Freunde, Eltern oder ein Taxi anrufen, notfalls zu Fuß weitergehen, das ist immer noch besser als ums Leben zu kommen. Mitunter steigt man auch zu Taxirasern ins Auto. Dann bittet man den Taxiraser mal kurz anzuhalten, steigt aus und ruft die Taxizentrale an, einen anderen Wagen zu schicken.

Die Engpässe und ihre richtige Befahrung

Das richtige Befahren von Engstellen erfordert Rücksichtnahme. Schnelles Zufahren von Engstellen, besonders gegenüber schwächeren wie Motorrad- Moped- und Radfahrern, ist ein vielgeliebtes Spielchen, da wird ausprobiert was so geht und wer nachgibt, hat verloren. Der LKW und Busfahrer verdrängt den PKW, der PKW die anderen. Erst fährt man mal schnell auf die Engstelle zu, dann wird man ja sehen wie es weitergeht. Da nur ein Auto durch die Engstelle passt, haben die Zweiradfahrer die schlechtesten Karten. Gerade diesen Verkehrsteilnehmern gegenüber, haben die mit viel Blechummantelungen geschützten, eine besondere Sorgfaltspflicht. Wenn man schon den

Zweiradfahrer auf die Seite quetscht, dann sollte man wenigstens die Fahrt soweit verlangsamen, dass man im Notfall sofort, also innerhalb von zwei bis drei Metern zum Stillstand bremsen kann. Die meisten Fahrer meinen auch, dass sie, wenn auf ihrer Seite kein Hindernis vorhanden ist, die Vorfahrt haben? Das ist ein weit verbreiteter Irrtum, der sich da in den Fahrerköpfen eingenistet hat. Zunächst hat einmal derjenige die Vorfahrt, der zuerst in den Engpass einfahren kann, wenn die Strecke soweit er es übersehen kann frei ist, oder ein Entgegenkommer noch weiter weg ist als man selber. Nun kommt aber doch einer entgegen und fährt auf Grund „seiner Vorfahrt" schnell auf die Lücke zu, ja er gibt sogar noch Gas, obwohl der andere noch nicht wieder hinaus ist und so steuert er genau den Punkt an, wo er annimmt, dass der Entgegenkommer dann schon aus dem Engpass draußen zu sein hätte. Auf so ein Spielchen sollte man sich nicht einlassen, sondern anhalten, dann ist man auf der sicheren Seite, denn, wenn dieses physikalische Gesetz greift: „Wo ein Körper ist, kann kein anderer sein" und die Rechnung schiefgeht, bekommt man eine Mitschuld angelastet. Also anhalten und abwarten, denn wer schon steht, hat vor Gericht immer die besseren Karten und erst weiterfahren, wenn die Situation geklärt ist, d. h. der Entgegenkommer muss auch anhalten, und/oder zurücksetzen. Ein beliebtes Spielchen ist es auch, sich an den Vorausfahrenden anzuheften um mit durch zu schlüpfen. Tun es nur ein paar Fahrzeuge, geht das ja wegen des besseren Verkehrsflusses in Ordnung. Tun es aber alle, kommt die Gegenfahrbahn zum Stehen und nichts geht mehr von dieser Seite, denn manchmal kommt ein nicht endenwollender Verkehrsstrom entgegen und auf der anderen Seite bildet sich ein Stau. Da hilft dann nur noch die „eigene Verkehrsregelung". Man sollte aber, wenn man in eine solche Situation kommt die Polizei anrufen, damit sie den Verkehr selber regelt. Notfalls kann man auch einen Beifahrer mit Warnweste vorschicken, der die Gegenseite aufstoppt und danach wieder zusteigt, aber das ist ein absoluter Notfall. Oft passiert es, dass beide unvernünftige Seiten in den Engpass einfahren und der Verkehr zum erliegen kommt, weil inzwischen die nachfolgenden die Lücken schließen. Dann gibt es nur noch eine Möglichkeit: Aussteigen und mit den hinteren Fahrern reden, damit sie zurücksetzen, denn von selber tun sie es nicht. Meistens reicht es nicht, wenn nur ein Fahrer zurücksetzt, in der Regel muss man mehrere Fahrzeuge dazu bewegen, jedenfalls solange, bis der Engpass frei ist und der Gegenverkehr durchkommt. Hat man die Engstelle selbst verursacht, z. B. durch eine Panne oder als Unfallbeteiligter, sollte man einen Helfer mit Warn-Weste bitten den Verkehr zu regeln, bis die Polizei eintrifft. Übrigens ist die Verkehrsregelung nicht so schwierig wie man meint. Sie müssen nur vor der Engstelle entschlossen mit der Hand nach oben in den Fahrzeugstrom hineintreten, wenn sich eine Lücke bildet. Ihre Weste weist sie als kompetent aus und sie werden staunen wie alle darauf reagieren, viele bedanken sich noch mit Handzeichen, dass es nun endlich weitergeht, selbst Polizeifahrzeuge halten auf ihr Stoppzeichen an und fahren auf Winken weiter. Nach einiger Zeit stoppen sie die andere Seite auf und winken mit Handzeichen dem Gegenverkehr weiter zu fahren. Das richtige Durchfahren von Lücken auf Straßen mit parkenden Fahrzeugen erfordert Mitdenken. Man muss sehr geschickt fahren, die Geschwindigkeiten anpassen, dem Entgegenkommer Gelegenheit geben, in eine Parklücke einzufahren, ihn dann passieren und beim nächsten Entgegenkommer, selbst in eine Parklücke einfahren, den anderen wieder vorbeilassen usw. Statt Durchsetzungs-Vermögen ist eben sehr viel Fahr-Intelligenz und Feinfühligkeit erforderlich.

Die Drohung mit dem Auto

Das mit dem Fahrzeug drohen, der Frechere siegt, ist ein beliebtes Spielchen, das viele Fahrer meisterlich beherrschen. Was Wunder, werden Sie doch ständig erpresst Dinge zu tun, die gegen die Rechtsnormen verstoßen, wenn sie nicht mitmischen, gibt es zur Strafe Hupkonzerte und Gestik-Beschimpfungen. Also machen sie mit, denn es ist sehr schwierig in unseren heutigen Verkehrssystemen, ohne seelische Blessuren davon zu kommen. Egal wie Sie sich verhalten, egal ob sie zu langsam, zu schnell zu vorsichtig oder verhalten fahren, es findet sich immer ein Zeitgenosse, der an ihrer Fahrweise etwas auszusetzen hat. Sie dürfen als LKW, oder Wohnmobilfahrer überhaupt nicht überholen, dazu haben Sie gar kein Recht, überholen dürfen nur Schnellfahrer und Raser. Befinden sie sich auf der rechten Fahrspur einer Schnellstraße oder Autobahn, müssen Sie dortbleiben, bis alle von hinten Kommenden durch sind. Das kann zuweilen dann eine Stunde dauern, so stellt sich das der Normalgescheite Pressing-Fahrer vor. Aber nicht aufgeben, immer schön ruhig bleiben und geradeaus schauen. Es stört den Pressing-Fahrer am Meisten, wenn er nicht beachtet wird. Blinker setzen und mit links an der Linie fahren anzeigen, dass man rüber möchte, es kommt bestimmt ein Vernünpftiger, der sie rüber lässt.

Das Einparken

Parkplätze! Wer darf zuerst reinfahren? Grundsätzlich immer der, der zuerst ankommt, nicht derjenige, der am schnellsten in die Lücke reinfahren kann, weil ein anderer erst noch rangieren muss oder, weil er z. B. rückwärts einparken will. Auch jemand, der offensichtlich bei den Parkplätzen darauf wartet, dass jemand wegfährt, darf nicht um sein Vorrecht den nächsten freien Platz zu besetzen betrogen werden. Doch wenn die Parklücke zu klein ist, ist das Einparken eine Kunst die niemand kann! In Parkhäusern sind die Parkflächen mit 2,30 m grundsätzlich zu schmal bemessen, meistens steht der „Nachbar" zur Linken schon auf dem Strich. Damit man noch aussteigen kann, muss man die Tür des Nachbarn zur Rechten zuparken. Damit riskiert man, dass der beim Einsteigen die rechten Türen zerbeult. Ich fahre dann immer an den Nachbarn zur Linken ziemlich dicht heran, dann kann ich zwar auf der Fahrerseite nicht mehr aussteigen, aber auf der rechten Seite ist nun genügend Platz vorhanden, dass sowohl ich und auch der rechte Nachbar aus und einsteigen können. Das ist zwar unbequem, aber wohl die einzige Möglichkeit, außer – Sie benutzen gleich zwei Parkflächen, wenn sie denn welche finden.

Eine weitere elegante Lösung des Problems, bietet die Möglichkeit den Wagen rückwärts in die Parklücke zu setzen, dann kann man die Beifahrerseite, dicht an die Beifahrerseite des Nachbarn heranfahren und auch der Nachbar zur Linken, also an meiner Fahrerseite, hat noch die Möglichkeit ein- und auszusteigen. Die Hauptsache ist doch, dass alle Fahrer auf ihrer Fahrerseite ein- und aussteigen können, denn die Beifahrer können das Fahrzeug ja vor dem Einparken verlassen und auch nach dem Herausfahren wieder einsteigen. Allerdings darf man

bei dieser Rückwärts-Variante, nicht zu dicht an die Hauswände heranfahren, sonst werden sie durch den Auspuff verschmutzt.

Das Einparken am Straßenrand übt man ja in der Fahrschule bis zum
Umfallen, aber richtig kann es dann doch niemand. Es gibt zwar eine
Regel, wie man vorgehen soll, aber ein Patentrezept ist das leider auch
nicht:
Also, - man soll an der Parklücke parallel vorbeifahren, auf gleicher
Höhe zum künftigen Vorder- Mann/Frau anhalten, den Lenker voll
nach rechts einschlagen und in dieser Position zurücksetzen bis die
vordere Stoßstange am Heck des geparkten Fahrzeugs vorbeipasst.
Dann voll nach links einschlagen und weiter zurücksetzen bis das Fahrzeug parallel zur Bordsteinkante steht, bzw. das rechte Vorderrad an
der Bordsteinkannte anschlägt. „Grau ist alle Theorie", denn das
klappt nur, wenn die Parklücke lang genug ist und wenn die Fahrzeuge
gleich lang und gleich breit sind. Oft ist es daher besser mit dem Fahrzeug etwas schräg anzusetzen, also bei den Vorderrädern mehr Abstand lassen als hinten. Das hat den Vorteil, dass man auch schräg in
die Lücke einfährt und nicht so dicht an die Bordsteinkannte heran-
kommt oder sogar noch auf diese auffährt. Schlägt man nun voll nach
rechts und dann nach links ein, setzt dann bis dicht an die Stoßstange
den Hinteren heran, kann man durch wieder Vorfahren das Fahrzeug
ausrichten und den mittleren Abstand zwischen den Autos herstellen.

Die meisten Fahrer können es nicht lassen, hinter Ein- und Ausparkern
durch zu fahren. Muss der Einparker noch mal zurücksetzen um sein
Fahrzeug auszurichten, lässt man ihn nicht mehr aus der Lücke heraus.
Eine andere Unsitte vieler Fahrer ist es, beim Einfahren in die Park-
platz-Straßen zu dicht auf den vorderen aufzufahren. Entdeckt der einen freien Platz, stehen schon drei vier andere so dicht hinter ihm,
dass er nicht mehr rangieren kann. Setzt er dann etwas zurück, geht
schon das Hupkonzert los. Deshalb sollte man hinter Parkplatz-Su-
chenden immer einen entsprechenden Abstand einhalten. Die Straßenverkehrsordnung gibt auf dieses Problem keine eindeutige Antwort, aber hier kommt wieder Mal § 1 ins Spiel. Wenn Sie einen Ein-
oder Ausparker behindern und es kommt zum Zusammenstoß sind sie
mindestens mitschuldig an der Karambolage. Da hilft ihnen auch die

meist verwendete Ausrede: "Der ist plötzlich rausgefahren und ich konnte nicht mehr bremsen", überhaupt nicht. Aus- und Einparker fahren immer vorsichtig aus den Lücken, weil sie nämlich hinten keine Augen haben, deshalb hilft Ihnen die „konnte nicht mehr bremsen" Masche vor Gericht auch nichts, zumal es auf Parkplätzen immer genug Zeugen gibt. Wenn wir schon beim Parken sind, noch einen Tipp: Viele wissen nicht wie man eine Parkscheibe einstellt, da sind Striche für jeweils eine volle und eine halbe Stunde vorhanden. Also stellen sie immer die volle oder die halbe Stunde ein. Sie sind nicht verpflichtet die Scheibe auf die Minuten dazwischen zu fummeln. Das heißt, wenn die Uhr 5 Minuten nach 10 h zeigt, stellt man 10 h 30 ein.

Die Geschwindigkeitsbeschränkungen

Sofern keine ausgeschilderten Geschwindigkeits-Begrenzungen am Straßenrand stehen, gibt es auf Auf Autobahnen keine Geschwindigkeits-Begrenzungen für Fahrzeuge unter 3,5 t ZGG (Zulässiges Gesamtgewicht). Ausnahmen bilden Fahrzeuge mit Anhängern oder Eintragungen mit einer zulässigen Höchst-Geschwindigkeit im Fahrzeugschein. Die Richtgeschwindigkeit auf Autobahnen ist 130 km/h, die sollten sie einhalten, dann fahren sie sicher, selbst, wenn ihnen mal ein Reifen platzt, haben sie gute Chancen ohne Unfall zum Stillstand zu kommen. Transporter dürfen nur frei fahren, wenn sie Scheiben in den hinteren Türen haben, alle anderen gelten als LKW' s und müssen sich an die 80 km/h halten, zudem dürfen LKW' s die dritte linke Fahrspur nicht benutzen, auch nicht zum Überholen und dazu zählen auch alle Transporter ohne hintere „Alibi Scheibchen", das inzwischen aber in alle Tranporter eingebaut wird.

Den meisten Fahrern ist aber nicht klar, dass man auf Landstraßen mit Fahrzeugen bis 3,5 t nur 100 km/h fahren darf, sofern es keine anderen Geschwindigkeitsbegrenzungen gibt! Haben Sie schon mal eine Radarfalle gesehen, die das kontrolliert? Nee, warum nicht? Weil LKW' s nur 80 km/h fahren dürfen und die Radargeräte können LKW und PKW nicht unterscheiden, also ist für die Strafzetteleintreiber nichts zu holen. Doch die Kleinlaster bis 3,5 Tonnen ZGG, gelten auch als LKW, wenn sie nicht die obengenannten Alibi-Scheiben haben.

Hier noch der genaue Wortlaut zur Geschwindigkeit in § 3 STVO:
Quelle: http://dejure.org/gesetze/StVO/3.html
Geschwindigkeit § 3 StVO

(1) Wer ein Fahrzeug führt, darf nur so schnell fahren, dass das Fahrzeug ständig beherrscht wird. Die Geschwindigkeit ist insbesondere den Straßen-, Verkehrs-, Sicht- und Wetterverhältnissen sowie den persönlichen Fähigkeiten und den Eigenschaften von Fahrzeug und Ladung anzupassen. Beträgt die Sichtweite durch Nebel, Schneefall oder Regen weniger als 50 m, darf nicht schneller als 50 km/h gefahren

werden, wenn nicht eine geringere Geschwindigkeit geboten ist. Es darf nur so schnell gefahren werden, dass innerhalb der übersehbaren Strecke gehalten werden kann. Auf Fahrbahnen, die so schmal sind, dass dort entgegenkommende Fahrzeuge gefährdet werden könnten, muss jedoch so langsam gefahren werden, dass mindestens innerhalb der Hälfte der übersehbaren Strecke gehalten werden kann.

(2) Ohne triftigen Grund dürfen Kraftfahrzeuge nicht so langsam fahren, dass sie den Verkehrsfluss behindern.

(2 a) Wer ein Fahrzeug führt, muss sich gegenüber Kindern, hilfsbedürftigen und älteren Menschen, insbesondere durch Verminderung der Fahrgeschwindigkeit und durch Bremsbereitschaft, so verhalten, dass eine Gefährdung dieser Verkehrsteilnehmer ausgeschlossen ist.

(3) Die zulässige Höchstgeschwindigkeit beträgt auch unter günstigsten Umständen innerhalb geschlossener Ortschaften für alle Fahrzeuge

1. innerhalb geschlossener Ortschaften 50 km/h
2. außerhalb geschlossener Ortschaften
   a) Für Kraftfahrzeuge mit einer zulässigen Gesamtmasse
      aa) über 3,5 t bis 7,5 t, ausgenommen Personenkraftwagen,
      bb) Personenkraftwagen mit Anhänger,
      cc) Lastkraftwagen und Wohnmobile jeweils bis zu einer zulässigen Gesamtmasse von 3,5 t mit Anhänger sowie
      dd) Kraftomnibusse, auch mit Gepäckanhänger 80 km/h
   b) für Kraftfahrzeuge mit einer zulässigen Gesamtmasse
      aa) über 7,5 t,
      bb) alle Kraftfahrzeuge mit Anhänger, ausgenommen Personenkraftwagen, Lastkraftwagen und Wohnmobile jeweils bis zu einer zulässigen Gesamtmasse von 3,5 t, sowie
      cc) Kraftomnibusse mit Fahrgästen, für die keine Sitzplätze mehr zur Verfügung stehen,

60 km/h,

für Personenkraftwagen sowie für andere Kraftfahrzeuge mit einer zulässigen Gesamtmasse bis 3,5 t 100 km/h.

c) Diese Geschwindigkeitsbeschränkung gilt nicht auf Autobahnen (Zeichen 330.1) sowie auf anderen Straßen mit Fahrbahnen für eine Richtung, die durch Mittelstreifen oder sonstige bauliche Einrichtungen getrennt sind. Sie gilt ferner nicht auf Straßen, die mindestens zwei durch Fahrstreifenbegrenzung (Zeichen 295) oder durch Leitlinien (Zeichen 340) markierte Fahrstreifen für jede Richtung haben.

(4) Die zulässige Höchstgeschwindigkeit beträgt für Kraftfahrzeuge mit Schneeketten auch unter günstigsten Umständen 50 km/h.

Die Sicherheitsgurte

Anfangs der 1960ziger Jahre wurde der Einbau von Sicherheitsgurten vom ADAC empfohlen. Weil ich davon überzeugt war, ließ ich sie mir einbauen und wurde verlacht. Alle, die meine Gurte sahen, hatten nur Spott und Häme für mein Sicherheitsbedürfnis übrig. Ich behaupte mal, dass ich in Europa, wenn nicht weltweit einer von Hundert war, der damals mit Gurten fuhr. Indessen, ich blieb meiner Überzeugung treu, habe sie aber bis heute nie gebraucht. Ein paar Jahre dauerte es trotzdem noch, bis die Gurte in alle Fahrzeuge eingebaut wurden. Die Ablehnung der Gurte ging aber mit unverminderter Härte weiter. Erst als der Gesetzgeber die Anschnallpflicht einführte, lachte niemand mehr. Aber die Ablehnung hat sich bei vielen bis heute gehalten. Bestes Beispiel dafür ist die jetzt in Gang gekommene Diskussion der Helmpflicht für Radfahrer, oder Skifahrer. Nur wenige wollen mit Helm fahren und der Gesetzgeber zögert die Helmpflicht durchzusetzen. Es will den meisten einfach nicht in den Kopf rein, dass auf den Kopf was drauf muss, damit er nicht zerspringt wie eine Walnuss, wenn er auf dem Boden aufschlägt!

Die Unsitten mancher Fahrer

Das Abstoppen vorn an der Bordsteinkante, ist eine in letzter Zeit aufgekommene weitere Unart vieler Fahrer. Die kommen mit hoher Geschwindigkeit aus einer Seitenstraße angebraust und stoppen erst im letzten Moment vorn an der äußersten Bordstein-Kante, erschrecken Fußgänger, Radfahrer und den auf der Hauptstraße durchfahrenden Verkehr. Niemand kann abschätzen, ob der Hochdruckfahrer nun anhalten oder mit Volldampf in die Straße reinfahren wird. Die Folge ist, alle müssen abstoppen, um einen "drohenden Unfall" zu vermeiden. Stellt man so einen zur Rede, sagt er: Was wollen sie denn, ich habe doch angehalten! Na toll, dabei ist es doch seine Absicht gewesen mit voller Geschwindigkeit in die Straße einzufahren, wenn, - ja, wenn sie frei gewesen wäre. So nimmt er seine Geschwindigkeit mit, und erschleicht ein paar Sekunden „kostbare Fahrzeit". Wenn ein schreckhafter Fahrer auf' s Bremspedal tritt, kracht der Hintermann in ihn hinein. Bei solch einer Fahrweise, wird man zum Mitschuldigen, auch wenn man niemanden angefahren hat, das sollte man eigentlich wissen. Oft kann man beobachten, dass Fahrer mit überhöhter Geschwindigkeit in Tankstellen einfahren oder in Grundstücks-Einfahrten durch überbaute Hofeinfahrten durchrasen. Gerade an solchen Gefahrenstellen, wo schnell mal ein Fußgänger, ein Kind oder ein Radler daherkommt, sollte man äußerste Vorsicht walten lassen.

Verrückte Autofahrer rasen durchs Leben, haben nie Zeit,
doch die gesparte Zeit, verbringen sie mitunter in der Ewigkeit.

Rei©Men

Die Auto-Kommunikation

Da sich die Kommunikation der Verkehrsteilnehmer nur auf Blickkontakt, Gestik, Hupe, Lichthupe und Blinker beschränkt, sollte man diese älteste aller Sprachen im Verkehr anwenden und pflegen. Aber bitte nicht mit dem deutschen Autofahrergruß, dem Scheibenwischer oder dem Stinkefinger. Wundern muss man sich darüber allerdings nicht sonderlich, weil Menschen nun einmal sehr kommunikative Wesen sind, und im Fahrzeug sitzend sich anderen Verkehrsteilnehmern nicht mitteilen können. Wie soll man auch mit anderen Fahrern mittels Zeichensprache kommunizieren, wenn es keine gibt. Warum entwickeln Fachleute auf diesem Gebiet keine Autofahrer-Gesten-Sprache, die man in der Fahrschule zu lernen hätte, dann könnte man manche Eskalation entschärfen. Leider werden im Verkehrswesen keinerlei Anstalten in dieser Hinsicht unternommen.

Aber auch mit dem Fahrzeug kann man anderen zeigen was man vorhat, indem man klar, logisch und deutlich fährt. Wichtig ist der Blickkontakt zu anderen Fahrern, Fußgängern und Radfahrern. Ist der hergestellt, weiß man: „Er hat mich gesehen". Winkt er, ich soll gehen oder fahren, sollte man es im Interesse des Verkehrsflusses auch tun, dabei aber das „winkende" Fahrzeug in Auge behalten. Manch ungeduldige fahren dann langsam wartend weiter, dann weiß man natürlich nicht was er/sie vorhat und muss wieder anhalten. Also immer deutlich mit dem Fahrzeug stehenbleiben, wenn man andere vorlassen möchte. Andernfalls langsam vortasten, um anzuzeigen, dass man weiterzufahren gedenkt oder sich in eine Kolonne einfädeln will. Wenn man jetzt „nur blinkt", aber nicht langsam rausfährt, verunsichert man alle anderen, weil die ja damit rechnen, dass Sie fahren werden, aber es kommt nichts, sie stehen weiter. Natürlich kann man ein paar Fahrzeuge, die von hinten kommen durchlassen und erst dann rausfahren, wenn sich eine Lücke auftut. Dann sollte man aber erst den Blinker setzen, wenn der letzte der Gruppe fast durch ist. Zum deutlich Fahren gehört es auch rechtzeitig den Fuß vom Gas zu nehmen, wenn der Verkehr sich vorn aufstaut. Bremsen Sie erst im letzten Moment riskieren Sie immer, dass hinten jemand auffährt. Das gilt auch bei jedem Richtungswechsel, Abbiege-Vorgang, bei Einmündungen oder Stoppstellen. Die typische Situation entsteht, wenn der Vorausfahrende schnell auf die Vorfahrtsberechtigte Straße zufährt, der Nachfolgende denkt „der fährt weiter" und schaut nach links, oder rechts, aber der Vordere hat angehalten – Bumm. Man kann es nicht oft genug sagen, bei der Anfahrt solcher gefährlichen Stellen, muss der Kopf immer hin- und hergehen.

Schilderhausen lässt grüßen

Elf Schilder auf einem Haufen, hässlicher geht es nicht mehr.

Sackgasse in Pirna an der Elbe mit Park- und Halteverbot, oder nur Parkverbot? Erst nach einem längerem Studium fällt der Groschen, dass Parkverbotsschild ist genau im Kreuzpunkt mit "roten Streifen" ungültig gemacht, oder zum absoluten Halteverbot umfunktioniert worden? Um das zu erkennen, muss der Fahrer erst mal aussteigen, und sich die Sache genauer anzusehen. Für den Fall, dass ich doch einen Strafzettel bekomme, habe ich den Schilderwahnsinn vorsichtshalber fotografiert. Natürlich kennt der Anlieger oder der hier wohnende diese Schildermalerei, doch Ortsfremde haben damit bestimmt Probleme. Deshalb fotografiere ich unklare Halte- und Parkverbote.

Der Schilderwald

Am Anfang gab es nur wenige Verkehrs-Schilder, die dem Fahrer anzeigten wie er zu fahren hatte. Sie erraten es schon, es handelt sich um die Vorfahrt-Schilder. Noch in den 50er Jahren waren an Landstraßen kaum Vorfahrtsregelungen vorhanden. An den Bundesstraßen genügte das rechteckige, gelbe Nummernschild, welches anzeigte, auf welcher Bundesstraße man sich befand und das man Verfahrt hatte. Es ist heute weitgehend verschwunden oder es hat sich auf die Richtungsanzeige z. B. ←Ulm B 10 zurückgezogen. Der heutige Schilderwald ist nicht mehr überschaubar und es kommen immer mehr hinzu. Am schlimmsten sind die rechteckigen weißen Zusatzschilder, die der Fahrer im Vorbeifahren kaum mehr lesen kann, es sei denn er bremst und fährt ganz langsam. Weil das aber gefährlich ist, könnte man ihm bei einem Auffahrunfall eine Mitschuld anhängen, deshalb sollte man nur den Fuß vom Gas nehmen um die weißen Schilder besser "erahnen" zu können. Um diese Schilder, die der Fantasie der Verkehrs-Gesetzgeber keine Grenzen zu setzen scheinen, lesen zu können, müsste man den Kopf etwas zu lange nach rechts drehen und dann fehlt wieder die viel wichtigere Aufmerksamkeit, für das Verkehrsgeschehen vor dem Auto. Zusätzlich beeinträchtigen Hinweisschilder und Werbung an den Straßenrädern das Unterscheiden und Erkennen von Verkehrsschildern. Auf wenigen Metern sind manchmal 20 und mehr Verkehrsschilder und Werbung aufgestellt, dabei sind Menschen überhaupt nicht in der Lage Informationen in dieser Masse zu identifizieren, ja, sie schränken die Aufnahmefähigkeit des Menschen so ein, dass er sich, will er alles beachten, was da so am Straßenrad steht, gefährlich abgelenkt wird. Hinzu kommt, dass mehrere Schilder plus Zusatzschilder übereinander an einer Stange befestigt werden. Weiterhin werden auf Autobahnen viel zu kleine Geschwindigkeitsbegrenzungs-Schilder aufgestellt. Warum, um ein wenig Blech einzusparen? Sicher nicht, aber ich vermute mal, die vorgeschriebenen Schildergrößen stammen aus Zeiten, wo man noch etwas langsamer fuhr und es nicht so viele Schilder gab. Das ist den Verkehrsministern bisher nicht aufgefallen, weil sie einen Chauffeur haben.

Wer mit der Richtgeschwindigkeit 130 km/h fährt, sieht erst was auf dem Schild steht, wenn er schon 130 Meter vor dem Schild ist, deshalb sollte man, wenn runde Schilder auftauchen sofort den Fuß von Gas nehmen, denn das Fahrzeug legt diese 130 m in ca. 3,6 Sekunden zurück. Man fragt sich, warum stehen die Geschwindigkeit reduzierenden Schilder immer so dicht zusammen. Will man die Reduzierungen von 100 auf 80 und dann 60 km exakt einhalten, muss man ganz schön bremsen. Man könnte doch ohne Probleme diese Schilder vergrößern und den Abstand so anordnen, dass jeder Fahrer seinen Wagen ausrollen lassen kann. Das würde eine Menge Unfälle verhindern und Sprit sparen. Auf einer Straßenlänge von 100 Metern stehen drei unterschiedliche Geschwindigkeits-Begrenzungen. Sie fahren nun 100 km/h, es folgt 60 km/h, 50 m weiter 80 km/h und weitere 100 m folgt wieder 70 km/h, nach 200 m wieder 60 km/h usw. usf. Zu besichtigen auf dem Autobahnzubringer L1115 von Backnang nach Mundelsheim. Als Grund wurden Fahrbahn-Schäden genannt. Was sich Behörden alles so einfallen lassen ist unglaublich. Vom Andrea Berg Dorf - 71546 Kleinaspach nach Oberstenfeld, wurde wegen Fahrbahnschäden die erlaubte Geschwindigkeit auf 50 km/h reduziert und das auf eine Landstraße. Rad- und Motorradfahrer durften die Straße überhaupt nicht mehr benutzen! Doch diese Straße ist die einzige Verbindungstraße die es dort gibt, sie stammt aus den 30er Jahren des vorigen Jahrhunderts und wurde immer nur repariert und wieder repariert, aber nie erneuert. Was nun die Galle überlaufen ließ, ist kaum zu glauben. Regelmäßig wurden dort Geschwindigkeits-Kontrollen durchgeführt, weil sich natürlich keiner an die Vorgaben hielt. Es wurde weiterhin 60 - 70 km/h gefahren, mehr ist sowieso nicht möglich gewesen und Zweiräder verkehrten nach wie vor, weil man nicht bereit war einen Umweg von 20 km zu fahren, denn die direkte Verbindung ist nur ca. zwei km lang. Wen will man nun hier vor was schützen? Hatte man Angst, der Radfahrer könnte sich auf der Rumpelstrecke überschlagen? Oder der Motorradfahrer käme bei 50 km/h ins Schleudern? Durch die Intervention von ein paar Lokalpolitikern, ist die Straße nun endlich erneuert worden. Leider sind die Serpentinen am Berg wieder zu schmal ausgefallen, so dass sich Schwerlaster, die hier nach wie vor fahren dürfen, kaum unfallfrei begegnen können. Es wird also nicht lange dauern, dann ist sie wieder sanierungsreif.

Die Radarfallen

Natürlich haben sie ihre Berechtigung, aber eine große Hilfe gegen die Autoraserei sind sie nicht. Regional kennt jeder Fahrer die Aufstellungsorte und verzögert vor ihnen. Die Orts-Unkundigen tappen nur dann rein, wenn sie keinen ortsansässigen Wagen vor sich haben, der sie dann mit runterbremst. Kurz danach, wird dann wieder bis zur nächsten Radar-Falle Gas gegeben. Die Benutzung von Radarwarngeräten ist zwar verboten, aber solange der Verkauf nicht verboten wird, haben die Schnellfahrer natürlich so ein Ding an Bord.

Oft hat man den Eindruck, dass Radarfallen nur aufgestellt werden, um Kasse zu machen. Ein typischer Fall der mir passierte. Ich fuhr auf einer Autobahn, es schneite und die LKWs schleuderten den Schneematsch meterhoch zur Seite. Schon eine ganze Zeit lang standen rechts 120 km/h Schilder, man konnte sie kaum und teilweise nicht mehr erkennen, weil bei einem die Zwei, beim anderen die Eins oder überhaupt nichts mehr zu erkennen war. Plötzlich blitzt es, was war denn das? 300 m weiter steht im Feldweg ein Polizeiwagen. Eine Woche später kommt der Strafzettel, sofort reiche ich einen Widerspruch ein, aber die Polizei-Beamten behaupten, sie hätten das nur einmal vorhandene 100 km/h Schild sauber geputzt. Wer das glauben soll lebt in Wunderhausenland. Welcher normale Mensch und dazu zähle ich die Polizei, geht im dichten Schneetreiben auf der Standspur, oder durch den Wald 200 m den Berg hoch, um alle paar Minuten dieses Schild zu reinigen, denn der nächste LKW schmeißt es wieder voll Dreck. Weiterhin müsste der Beamte einen Schrubber oder ähnliches dabeihaben? Aber jedes Deutsche Verkehrs-Schnellgericht glaubt den Beamten, so ist das in Deutschland. Sie müssten zahlen oder nach "Irgendwohin" fahren um ihre Rechte in einer Verhandlung einzuklagen. Wer macht nun so etwas, sich mit ungewissem Ausgang durch die Instanzen klagen, dann bezahlt wohl jeder vernünftige Mensch lieber die paar Euro. Was hat man nicht schon alles über Radarfallen an Schnellstraßen gehört, da lösen Schnellfahrer die Messung aus und die Kamera knipst das rechts oder links danebenfahrenden Auto, während der Schnellfahrer schon längst weg ist. Das ist Deutscher Straßenalltag. Ich habe mir jedenfalls folgendes vorgenommen: Wenn ich mir keiner Schuld bewusst bin und es blitzt irgendwo, drehe ich an passender Stelle um und fahre die Strecke nochmal ab, eventuell fotografiere ich die Situation. Außerdem habe ich ja noch meine Überwachungskamera, die Dashcam an der Windschutzscheibe, die den Schnellfahrer oder die nicht lesbaren Verkehrsschilder filmt, das ist für solche Fälle ein unwiderlegbares Beweismittel, das kein Gericht ignorieren kann.

Die Navigationsgeräte

Navigationsgeräte richtig zu nutzen heißt auch, sie nicht erst während der Fahrt kennen zu lernen! Wie sie funktionieren, sollte man in aller Ruhe zu Hause studieren und kennenlernen. Dabei ist die Geräte- Voreinstellung schon mal die halbe Miete, weil man hier die Fahrzeugdaten, z. B. LKW, PKW, Wohnmobil etc., zulässiges Gesamt-Gewicht, sowie die Länge, Breite und Höhe des Fahrzeugs einstellen kann. Bei guten Geräten wird das Navi dann auch die Route wählen, bei der Sie nicht über eine Brücke mit zu geringer Tragfähigkeit oder in eine zu niedrige Unterführung geleitet werden. Ganz wichtig sind auch die Voreinstellungen für die Anzeigen der Streckenlänge, Ankunftszeit oder Restkilometer die noch zu fahren sind, sowie die zulässigen Höchst-Geschwindigkeiten und vieles mehr, die man vorwählen kann. Wichtig sind auch die Pieptöne, die das Gerät von sich gibt, wenn Sie die zulässige Geschwindigkeit überschreiten, das nervt anfangs, aber man spart sich manchen Euro für Strafzettel.

Vor Fahrtantritt sollte man das gewünschte Ziel eingeben, dann die Karte aufrufen und sich genau ansehen, was das Ding vorhat, sonst läuft man Gefahr, dass man statt Neustadt in Brandenburg, eine Straße in Neustadt an der Weinstraße in der Pfalz anfährt. Nutzen Sie die Einstellungen für die Routen-Optionen, z. B. Kürzeste Route - Schnellste Route – Wirtschaftlichste Route - mit oder ohne Autobahn - mit oder ohne Maut, Fähren, Vignetten und Straßengebühren. Das erspart ihnen Zeit, Kosten und Umwege. In Verkehrsgebieten die man kennt, wird ihnen schnell auffallen, dass das Navi ausgerechnet in der Rushhour durch die Innenstadt fahren möchte. Oder Sie haben die Strecke mit Autobahn gewählt, dann fahren Sie mitunter um die ganze

Stadt herum, obwohl Sie nur die kürzere Route durch die Stadt fahren wollten. Also immer die Karte aufrufen und schauen was das Gerät vorhat. Was die meisten Geräte nicht können, ist das sogenannte Routing. Es gibt auch Geräte die eine Alternativroute anbieten und zur Auswahl stellen. Bei Geräten mit Routing-Zusatz-Funktion können Sie für größere Strecken zu Hause ihre Fahrtroute festlegen und auch für die Teilstrecken, die gewünschten Optionen für Zwischenstopps eingeben. Stellt das Gerät diese Funktion nicht zur Verfügung, zerlegt man die vorgesehene Route in Teilstrecken, die man auf allen Geräten zwischenspeichern und dann abrufen kann. Anhand der oben erwähnten Anzeigen auf dem Display, kann man z. B. sofort prüfen, wie lang eine gewählte Fahrtroute in km ist und in welcher Zeit man am Ziel ankommt. Man sollte dann eine andere Route z. B. mit der Option >Kürzeste Route< eingeben und wieder nachsehen, welche Strecke die bessere ist. Bei allen Geräten findet man die Funktion TMC = Traffic Message Channel - dies sind Verkehrs-Informationen, die über den Rundfunk Verkehrsnachrichten ins Navi einspielen, die auf dem Display angezeigt und die über Lautsprecher angesagt werden.

Deshalb lasse ich mein >Navi< immer mitlaufen, egal wohin ich fahre, es erinnert mich daran wo ich abbiegen, ein- oder ausfahren muss. Es hilft mir die Höchstgeschwindigkeiten einzuhalten, es zeigt mir an, wann ich am Ziel sein werde, und wenn es einen Stau gibt werde ich von ihm rechtzeitig über Umfahrungen informiert.

Die Alten und ihr Führerschein

Die älteren Fahrer sollten ihren Führerschein abgeben oder eine jährliche Nachprüfung absolvieren, so hört und liest man des Öfteren. Die Jungen sollen doch erst mal diszipliniert fahren lernen, hört man von den alten Hasen. Vielleicht haben ja beide Seiten ein bisschen Recht, denn eine Verkehrsschulung oder eine Verkehrserziehung wäre für alle Verkehrsteilnehmer gut, findet aber in ganz Europa nicht statt. Dabei würde sie nicht viel Geld kosten, jedenfalls nur einen Bruchteil dessen, was Verkehrsunfälle und ihre Folgen, volkswirtschaftlich gesehen verursachen. Keiner von unseren „glamourös neue Straßen einweihenden Verkehrsministern" hat es bisher geschafft, aus diesem einfachen Zusammenhang die einzig richtige Konsequenz zu ziehen, nämlich die Einführung einer fünfjährig aufeinander folgenden Verkehrs-Nachschulung mit abschließender Prüfung auf Verkehrs-Tauglichkeit für alle. Dabei ist diese Schulung und Nachprüfung schon seit ewigen Zeiten für Piloten, Kapitäne, Busfahrer, Lokführer, sowie andere Berufsgruppen die im öffentlichen Verkehr tätig sind, zwangsweise vorgeschrieben. Siehe auch meine Ausführungen weiter oben. Und denken Sie immer daran, sehr bald und viel schneller als sie meinen, gehören Sie auch zu "den Alten".

Der Brummi Fahrer

Jeder LKW-Fahrer darf ohne Nachprüfung seiner Fahr- und Verkehrstauglichkeit unsere Straßen verunsichern. Nichts gegen die Brummifahrer, mir tun die armen Kerle wirklich leid. Das ist für die Meisten ein Schweineleben, menschenunwürdig werden sie gnadenlos von ihren Logistikern, die ja im schönen Büro am Computer sitzen, über die Straßen- und Autobahnen gehetzt und alle schauen resignierend zu, Hauptsache die Milch aus Bayern kommt rechtzeitig in Hamburg an. Wenn es dann wieder mal einen schweren Unfall mit Toten gibt, schreien alle ganz kurz auf, danach beruhigt sich die Scene wieder. Dabei wäre es so einfach für alle Europäischen LKWs einen zweiten Fahrer vorzuschreiben. Die Transportkosten würden sich zwar ein wenig verteuern, aber wir hätten wieder sicherere Straßen. Für neue LKWs sollte man für die Fahrer eine Wohnkabine mit Toilette, Kochgelegenheit, Dusche und zwei Schlafplätzen vorschreiben. Das wäre sehr leicht auf 5 m² zu realisieren. Mal ehrlich, das könnten wir uns doch leisten. „Deutschland geht' s gut" sagt unsere Regierung, nur den Fernfahrern und vielen anderen geht es richtig schlecht. Mal ehrlich, das könnte sich Europa doch im Namen der Menschlichkeit leisten, man muss nur wollen können. Gerade unser Durchfahrts-Land inmitten von Europa müsste den Anfang machen, dann müssten alle anderen die hier durchfahren nachziehen.

Die Fußgängerzonen

Die Fußgängerzone ist den Fußgängern vorbehalten, hier haben sie die „Vorfahrt", nicht die Autofahrer und andere Verkehrs-Teilnehmer. Selbst Busse müssen den Fußgängern das Vorrecht lassen. Andererseits dürfen die Fußgänger nicht den Verkehr aufstoppen. Für alle Verkehrsteilnehmer ist die fünf km/h Höchstgeschwindigkeit vorgeschrieben - na ja, wenn keine Fußgänger weit und breit zu sehen sind, kann man auch mal etwas schneller fahren, dann sagt auch keiner etwas. Ansonsten muss der Autofahrer oder Radler mit äußerster Vorsicht fahren, weil ein Fußgänger in einer Fußgängerzone nicht mit Fahrzeugen rechnet und daher unaufmerksam ist. Das Ende einer Fußgängerzone wird leider zu oft nicht gut sichtbar, und ganz eindeutig angezeigt, man muss dort nämlich wie an einer Stoppstelle anhalten, um dem durchfließenden Verkehr die Vorfahrt zu gewähren.

Die Stoppstelle

An einer Stoppstelle muss man nicht nur stoppen, sondern anhalten, links und rechts schauen und wenn die Straße frei ist, darf man weiterfahren. Das weiß zwar jeder, aber man hält sich nicht daran, sondern überfährt die Stoppstellen ohne anzuhalten. Nun haben die Verkehrsausschüsse, die solche Gefahrenstellen mit Stoppschildern ausstatten, dies nicht aus lauter Jux und Tollerei gemacht, sondern weil es dort schon öfters gekracht hat und weil es sich um eine erhöhte Gefahrenstelle handelt, welche eine besondere Aufmerksamkeit der Kraftfahrer erfordert. Wenn Sie also an einer Stoppstelle nicht wenigstens stoppen, darunter verstehe ich einen kurzen Stillstand der Räder, machen sie sich im Falle, dass Sie einen Unfall verursachen immer zum Alleinschuldigen. Versicherungen neigen heutzutage dazu grobe Fahrlässigkeit zu unterstellen, damit sie nicht zahlen müssen, dass sollten Sie immer im Hinterkopf behalten, denn Sie haben in einem solchen Fall immer gleichzeitig zwei Verkehrsübertretungen begangen, weil Sie nicht angehalten haben und weil Sie die Vorfahrt anderer nicht beachtet haben.

Der Grüne Pfeil

Der grüne Pfeil, ein Geschenk der vergangenen DDR, hat dreierlei Wirkungen, man muss stoppen wie an einem Stoppschild, darf aber trotz roter Ampel nach rechts abbiegen, aber nur, wenn niemand von links kommt. Dabei muss man dem Gegenverkehr und dem Linksabbieger, die Vorfahrt lassen, weil diese Fahrer eventuell gerade eine grüne Ampel haben. Das heißt, als „grüner Pfeil Abbieger" müssen Sie die Vorfahrt aller anderen beachten und dürfen nur dann fahren, wenn die Straße völlig frei ist.

Das Reißverschlussverfahren

Das Reisverschluss-Verfahren ist eine Verkehrs-Regelung die viele Fahrer nicht richtig kennen, oder kennen und trotzdem ignorieren. Dabei ist es klar und eindeutig geregelt. Werden zwei Fahrbahnen in einer zusammengeführt, gelten folgende Regeln Auszug aus der StVO: "Alle haben auf beiden Fahrstreifen bis zur Engstelle vorzufahren, dabei darf nicht noch schnell überholt werden.“

Oft ordnen sich die Fahrer auf der durchgehenden Fahrbahn ein, die andere bleibt frei und es kommt zum Rückstau. Die eingeordneten Fahrer regen sich nun über die in der freien Fahrbahn nach vorn fahrenden auf, sie meinen, diese sollten sich auch hinten anstellen. In der Folge lassen sie die Vorgefahrenen nicht mehr in die Engstelle einfahren und blockieren so den Verkehr.
Weiter gem. § 7 Abs. 5 StVO gilt:
„Das Reißverschlussverfahren gilt zwingend, sobald der Abstand der auf den mehreren Fahrstreifen ankommenden Fahrzeuge kein Einordnen auf den durchgehenden Fahrstreifen mit ausreichendem Abstand (§ 4 StVO) mehr zulässt. Bei so dichtem Verkehr hat nur noch der auf dem weiterführenden Fahrstreifen erste Kfz.-Führer Vortritt. Mit diesem ersten auf seinem Fahrstreifen weiterfahrenden Kfz.-Führer beginnt der sog. Reißverschluss. Die weiteren am Durchfahren gehinderten Fahrzeuge müssen sich auf dem weiterführenden Fahrstreifen unter besonderer Rücksichtnahme und bei angemessen herabgesetzter

Fahrgeschwindigkeit im Wechsel 1:1 einordnen, wobei allerdings der auf dem weiterführenden Fahrstreifen Fahrende sein Vorrecht nicht erzwingen darf. Umgekehrt - wer im Reißverschlussverfahren die Spur wechselt, darf nicht darauf vertrauen, dass ihm dies ermöglicht wird; er muss den Spurwechsel wie auch sonst rechtzeitig durch Blinken anzeigen, zurückschauen und erst dann, wenn er sicher sein darf, dass dies gefahrlos möglich ist, allmählich hinüberfahren. Diese Regeln gelten nicht nur wenn zwei Fahrbahnen zusammengeführt werden, sondern auch, wenn es durch Verkehrsstörungen, z. B. liegengebliebenen Fahrzeuge oder rechts parkende Fahrzeuge zum Rückstau kommt."

Kein Wunder, dass dieses typisch Deutsche Verkehrsgenuschen kein normaler Mensch verstehen kann. Ich will mal versuchen diesen Kauderwelsch zu entwirren:

Der erste der an der Fahrbahnverengung ankommt, darf auch zuerst einfahren. Alle anderen die links oder rechts ankommen, wechseln nacheinander und zwar immer einer von links und dann wieder der von rechts im Zieharmonika-Verfahren in die Engstelle hinein. Auf welcher Fahrbahnseite sie in die Verengung einfahren ist wurschtegal.

Der Fahrbahnwechsel

Bei jedem Fahrbahnwechsel, egal ob er durch Überholen veranlasst wurde oder durch eine Engstelle, sollte man grundsätzlich nie abrupt, sondern immer schräg und mit mehrfacher Rück-Spiegel-Kontrolle rüberfahren. Das Gleiche gilt auch beim Einfahren auf Abbiegespuren. Immer schräg fahren, nie abrupt in die Abbiegespur, nie sofort voll besetzen, so hat ein anderer Fahrer immer noch die Möglichkeit sich seinerseits durch Hupen bemerkbar zu machen oder zu bremsen, falls man doch etwas übersehen hat. Abbiegespuren in Kurven, verleiten Entgegenkommer oft, die Abbiegespur zu überfahren. Auch bei Abbiegespuren mit Gegenverkehr ist Vorsicht geboten, weil viele Fahrer, die entgegenkommen, den Abbiegenden übersehen oder die Abbiegespur zum Ausweichen von Rechtsabbiegern benutzen. Die müssen bremsen, weil auf ihrer Straßenseite eine Rechtsabbiegespur fehlt.

Nacht- Regen- und Nebelfahrten

Nacht- Regen- und Nebelfahrten sind die unangenehmen Seiten des Autofahrens, deshalb gilt besondere Vorsicht und angepasstes Fahren. Bei schlechten Sichtverhältnissen z. B. Dunst, Regen, Schneetreiben, Nebel, aber auch wenn eine Staub- oder Rauch-Wolke die Sicht behindert, sofort vom Gas, wenn nötig bremsen und zwar rechtzeitig, sodass die Nachfolgenden ebenfalls noch Zeit haben ihrer Geschwindigkeit zu reduzieren. Nur sehr langsam und vorsichtig in diese unsichtige Zone einfahren, immer bedenken, wenn Sie mal drin sind, werden Sie von anderen nicht mehr gesehen. Bei Nacht- und Nebelfahrten ist immer der Vorausfahrende so etwas wie ein Pfadfinder, er sieht nicht viel, muss sich tastend vorarbeiten und fährt daher langsam. Schon der hinter ihm fahrende hat es leichter, weil er ja den verlängerten Scheinwerferkegel von zwei Fahrzeugen nutzen kann. Die Nachfolgenden sehen ihren Vordermann und wo der nicht drauf gefahren ist, muss ja die Straße hindernisfrei sein. Wenn nun alle schön in der Kolonne weiterfahren würden, ist so eine Nebelfahrt eine relativ sichere Sache, sofern man den Sicherheitsabstand zum Vordermann einhält. Nun gibt es leider immer ein paar Besserwisser, die meinen, der da vorn fährt viel zu langsam. Nun überholen sie in den Nebel hinein und spätestens in Höhe des zu Überholenden merken sie, dass sie plötzlich nichts mehr sehen, weil ihnen die geliehene Scheinwerfer-Reichweite des Vorderen fehlt. Haben sie dann ihren Blindflug glücklich abgeschlossen, werden sie langsamer als derjenige der vorher den Pfadfinder machte. Der Grund hierfür, sind nicht nur die Sichtverhältnisse, sondern auch der Ermüdungsfaktor der Augen, die in die dicke Suppe hinein starren. Wegen der hohen Konzentration unseres Gehirns wird die Verarbeitungsgeschwindigkeit nach und nach immer lahmer und man fährt dann noch langsamer. Nun fängt das Spielchen von vorne an, der Nachfolgende überholt risikoreich usw. usf. Wenn man diesen Zusammenhang kennt, sollte man froh sein, wenn man einen Pfadfinder vor sich hat der einem die Schwerst-Arbeit abnimmt. Noch besser ist es, wenn man sich diese Arbeit teilt, indem man den Vorrausfahrennden ablöst und selber eine Zeitlang den Pfadfinder macht.

Das Tunnelfahren

Das Tunnelfahren ist beim Einfahren ein Lotteriespiel, man weiß nicht, was im Tunnel drin ist, denn die Einfahrt in einen Tunnel ist wie eine dunkle Kellertreppe, der Übergang von Licht ins Dunkel oder ins Kunstlicht bedeutet, dass sich unsere Augen den veränderten Verhältnissen erst anpassen müssen. Dazu benötigen sie ein paar Sekunden die man ihnen gönnen sollte. Also, der Sicherheitsabstand sollte immer die jeweilige Sichtgrenze sein, nur so schnell einfahren, wie man sehen und noch bremsen kann, besser noch etwas langsamer, weil es immer Risikofahrer gibt, die diese Zusammenhänge ignorieren oder noch in die Tunneleinfahrt hinein überholen. Das gilt besonders dann, wenn die Tunneleinfahrt mit einer Kurve in den Tunnel führt. Wichtig ist es z. B. kurz vor der Einfahrt auch die Sonnenbrille abzunehmen oder den Sonnenschutz-Aufstecker, den Brillenträger benutzen, hoch zu klappen. Obwohl in den meisten Tunnels das Überholen erlaubt ist, sollte man doch nur dann überholen, wenn die Verkehrsdichte nicht zu hoch ist, denn jeder Überholvorgang schafft unüberschaubare Gefahrenquellen.

Wie sich im Gotthard-Tunnel-Unfall, als im Jahre 2001 elf Menschen in einer Flammenhölle starben, grausam und eindrucksvoll gezeigt hat, kann man wenn es gekracht hat nicht einfach aussteigen und flüchten. Zudem gibt es in vielen Tunnels keine Fluchtwege, das erhöhte Risiko fährt immer mit, die kleinste Unaufmerksamkeit, schon ist was passiert. Bergungs- und Rettungsfahrzeuge kommen nicht in den Tunnel hinein und wenn Sie Glück haben sitzen Sie „nur" für ein paar Stunden im Tunnel fest, kein schöner Gedanke. Da überlege ich dann doch, ob ich mir nicht lieber etwas Zeit nehme, eine Passstraße benutze und die schöne Berglandschaft genieße. Man könnte ja auch oben angekommen eine kleine Wanderung machen, irgendwo einen Kaffee trinken und ein Päuschen einlegen, von Autostress, statt der Hammelherde durch das Ofenrohr zu folgen.

Der Sonnenschutz

Immer wieder liest man es in der Zeitung, schon wieder ein Unfall durch die tiefstehende Sonne. Hier werden die Auto-hersteller aufgefordert bessere Sonnenblenden anzubringen. Für kleinere Fahrer sind sie zu schmal, für große Fahrer zu breit und in der Mitte beim Spiegel ist der Spalt zu groß. Wo ist nun für die Auto- Hersteller das Problem bessere z. B. verstellbare Blenden einzubauen. Da werden Millionen ausgegeben um immer mehr unnötigen Schnickschnack in die Karossen einzubauen, vor allem der Schminkspiegel ist wichtig, aber an solchen Kleinigkeiten hapert es weltweit. Mein Trick gegen die tief stehende Sonne ist eine Baseballmütze. Die steckt immer zwischen Kardantunnel und Sitz. Ich setze sie auf und schiebe das Mützen-Schild seitwärts oder nach unten so zurecht, bis es passt und nichts mehr blendet. Generell aber gilt auch hier: Bei Blendung runter vom Gas und notfalls anhalten, denn es ist immer besser den Verkehr aufzuhalten als einen Unfall zu riskieren, weil man nichts mehr sieht:

Achtung: Zu Fuß würden sie doch bestimmt auch stehenbleiben?

Der „vergessene" Blinker

Das Blinker setzen ist vollkommen aus der Mode gekommen, weil sich anscheinend ein Anti-Blinkersetz-Virus in den Autofahrer Gehirnen eingenistet hat, der den Befehl ausgibt: Blinker vergessen - Blinker vergessen - Blinker vergessen - Blinker brauch ich nicht, ich weiß doch wo ich hinfahren will. Es handelt sich hier nicht um ein Versehen, sondern um eine gewollte Schlamperei im Straßenverkehr, dabei geht es nicht um das mal „Blinker setzen vergessen", das kann jedem passieren, aber oft genug fährt man hinter einen anderen durch die ganze Stadt, ohne dass der ein einziges Mal den Blinker setzt, das ist verantwortungslos. Es geht um das wichtigste, der wenigen Verständigungsmittel, das Autofahrer untereinander im Verkehr benutzen können, den Blinker, mit dem jeder anzeigt, wohin er zu fahren beabsichtigt. Ich erkläre mir diese Verhaltensweise so: Sie ist eine beabsichtigte und gewollte Provokation zur Verunsicherung anderer Fahrer, die genötigt werden den „Blindflieger" vorzulassen um eine Kollusion zu vermeiden. So kommt man natürlich auch schneller vorwärts, wenn man die anderen verunsichert. Aber wenn es zu einem Unfall kommt, trägt man daran die Haupt-Schuld, mindestens aber eine Mitschuld.

Der ruhende Verkehr

Der ruhende Verkehr ist gar keiner, aber was die Meisten nicht wissen oder nicht beachten, wenn sie parken oder rechts anhalten, sei es auch nur um jemanden aussteigen zu lassen, dann sind sie ruhender Verkehr. Sie müssen beim Anfahren die Vorfahrt aller in Bewegung befindlichen Fahrzeuge und auch der Fußgänger beachten. Wenn Sie weiterfahren wollen, müssen Sie ihre Absicht durch Blinker setzen zu erkennen geben. Haben Sie das gemacht, dürfen Sie sich auch mal schön vorsichtig in eine endlose, von hinten heranrollende Kolonne einfädeln, auch wenn dies den Kolonnenfahrern nicht passt.

Das Ampel-Anfahren

Fährt man eine Ampel an, weiß man nie wann sie umschalten wird. In vielen Ländern zeigt die Ampel durch blinken an, dass sie in Kürze umschalten wird. Jeder der von weitem kommt weiß nun, dass jetzt Gelb kommt. Eine wunderbare Einrichtung, nur warum nicht auch bei uns? Wie viele Unfälle, Ärger und Führerscheinentzüge könnten durch diese einfache Maßnahme verhindert werden. Aber nein, aber nein, was nicht sein darf - kann nicht sein. Unsere dickfälligen Verkehrsbehörden haben natürlich immer Recht, weil eine Behörde sowieso immer Recht hat. Kleiner Tipp, wenn sie auf eine grüne Ampel zufahren und geradeaus darüber wollen, sollten sie auch die Gegenfahrbahn beobachten, denn solange von dort noch Autos über die Kreuzung rollen, bleibt meist auch ihre Fahrtrichtung grün. Das sollte aber nicht dazu verleiten blind darauf zu vertrauen, denn es gibt eben auch andere Ampelschaltungen.

Bei Ampelanlagen mit einer Mittelspur und zusätzlichen links- und rechts Abbiegespuren, lassen es manche Fahrer die geradeaus wollen recht langsam angehen, sie rollen so vor sich hin auf die rote Ampel zu, lassen große Lücken zum Vordermann/Frau weil die Ampel ja sowieso auf Rot steht. Diese Fahrer bedenken aber nicht, das andere links oder rechts abbiegen möchten und durch das langsame Aufschließen nicht in ihre Abbiegespuren einfahren können. Die Folge ist ein Rückstau, weil die Abbieger oft mehrere grüne Ampelphasen verpassen. Andere wieder fahren riskant auf der linken Fahrbahn nach vorn und dann wieder in ihre Abbiegespur hinein, da wo sie beginnt. Dieses Verhalten ist in dreifacher Hinsicht gefährlich. Erst einmal überfahren sie die durchgezogene, also nicht unterbrochene Mittellinie, oft kommt ihnen schon der Gegenverkehr entgegen, weil die Gegen-Ampel inzwischen auf Grün geschaltet hat. Sehr gefährlich sind auch Fahrer, die sich in der Mitte eingeordnet haben und nun schnell noch in die Links- oder Rechtsabbiegespur einfädeln wollen. Also rechtzeitig blinken und immer den rückwärtigen Verkehr im Rückspiegel beobachten, bevor man im Schleichverkehr in eine Abbiegespur wechselt. Manche Fahrer haben die unangenehme Angewohnheit an grünen Ampeln zu langsam anzufahren, zum Vorausfahrenden entsteht ein großer Abstand, am liebsten möchte man von hinten anschieben, damit man selbst noch in dieser Grünphase über die Kreuzung kommt. Dabei geht es weniger um das schnell Rüberkommen, sondern darum, dass andere Fahrer ebenfalls wieder anhalten müssen und jedes Mal bis die Ampel wieder grün wird, eine Menge CO_2 in die Umwelt pusten. Deshalb sollte sich jeder bemühen zügig und ohne zu trödeln über eine Kreuzung zu fahren.

Der Schnellstart an der Ampel ist zwar nicht verboten, aber lebensgefährlich, vor allem für diejenigen, die als erste in die Kreuzung einfahren. Springt die Ampel auf Grün, sollte man als Vorderer schon kurz vor dem Start nach links und rechts schauen und sich vergewissern, ob die Kreuzung auch wirklich frei ist, denn oft kommt noch einer der bei Gelb, oder sogar bei Rot losgefahren ist über die Kreuzung gebraust, besonders lange Fernlaster brauchen länger, um eine Kreuzung wieder zu verlassen. Während der Fahrer noch bei Grün einfährt, ist das Heck oft schon in der Rotlichtphase. Also Vorsicht!

Unfall – was ist zu tun

Sofern man sich noch bewegen kann, aktionsfähig ist oder den Unfall nur beobachtet hat, ist es das Wichtigste nicht die Nerven zu verlieren. Die gelbe oder signalrote Sicherheitsweste sollte nicht im Kofferraum liegen, sondern griffbereit im Handschuhfach oder in der Fahrertür stecken, dazu noch ein paar kräftige Lederhandschuhe, die für gröbere Arbeiten als Ersthelfer benötigt werden z. B. um verbogene Autotüren aufzumachen oder Glassplitter zu entfernen. Zuerst eine kurze Übersicht verschaffen, andere Fahrer auffordern den Verkehr zu stoppen, mit Schildern den Unfallort zu sichern und die Notrufnummern anzurufen.

112 Diese Notruf-Nummer ist in Deutschland und Europa für Rettungsdienst und Feuerwehr eingerichtet. Über die 112 erreichen Sie automatisch die nächstgelegene Rettungsleitstelle und können dort medizinische Notfälle, Unfälle oder Feuer melden. Der Notruf funktioniert im Fest- und Mobilfunknetz ohne Vorwahl und ist kostenlos. Auch wenn Sie für ein Handy keine PIN haben funktioniert es trotzdem für alle Notrufe.

110 Ist die Notrufnummer der Polizei, die Notrufe aber auch sofort weiterleitet. Sie ist aber eher angezeigt, wenn durch einen Unfall die Straße gesperrt oder umgeleitet werden muss bzw. eine Unfallaufnahme erforderlich wird.

Bei Unfällen mit Verletzten immer erst die 112 und danach die Polizei 110 anrufen.

Währenddessen verschaffen Sie sich bei den Unfallbeteiligten einen Überblick, wie schwer die Verletzungen der Verunglückten sind, ob sie aus den Fahrzeugen wegen Brandgefahr herausgeholt werden müssen, sprechen sie weitere Personen an, ihnen zu helfen, denn in der Regel ist es so, dass viele Menschen herumstehen und nicht wissen was sie machen sollen. Notfalls schreien sie sie an zu helfen und sagen ihnen was zu tun ist. Bitten Sie Leute, die nutzlos herumstehen die Unfallperipherie zu verlassen. Die Rettungsstelle wird in aller Regel den Unfallmelder um weitere Informationen bitten, deshalb sollte der nicht gleich wieder den Hörer auflegen. Passiert das, müssen sie gleich wieder anrufen und am Apparat bleiben, die fragen dann schon welche Infos sie noch benötigen, ob es Schwerverletzte gibt, Leute eingeklemmt wurden usw. Auf keinen Fall sollten Sie ohne Not Verletzte aus den Fahrzeugen bergen, das kann der Rettungsdienst besser. Die Ausnahme hiervon bilden offene Wunden, die stark bluten, hier muss schnellstens die Blutung gestoppt werden. Verletzte, die nicht mehr atmen müssen mit Herzmassage und Mund zu Mundbeatmung widerbelebt werden. Weitere Helfer sollten nun versuchen einen Arzt zu finden, der vielleicht in einem der Autos im Stau weiter hinten sitzt. Bis die Rettungsfahrzeuge eintreffen, sollte man versuchen die Unfallopfer anzusprechen, einfach mit ihnen reden und sie beruhigen. Andere Helfer sollten versuchen Gaffer zu verscheuchen, manchmal springen auch kleine Kinder herum, die müssen unbedingt eingefangen werden und in die sichere Obhut von Frauen gegeben werden. Wenn ihnen noch Zeit bleibt, dann schicken Sie weitere Helfer in die Peripherie, damit sie Zeugen ansprechen und ihre Autonummern und Namen mit Adressen notieren.

Der Schießscharten PKW

Ein Wort noch zur Automode. Die heute produzierten Schießscharten PKWs, orientieren sich anscheinend nicht mehr an den Körpermaßen der Menschen des 21zigsten Jahrhundert und auch nicht an der Ergometrie, sondern sind von Designern auf niedrige CW Werte getrimmt worden, damit der Flottenverbrauch stimmt. Die flach über das halbe Fahrzeug liegenden Windschutzscheiben sind schwer durchschaubar und verhindern ein >normales Besteigen< des Vehikels. Doch ohne den Kopf einzuziehen oder den Körper zu verbiegen, kommt man in kein Fahrzeug mehr hinein, besonders dann nicht, wenn man den Fahrersitz hoch nach oben verstellt hat. Der Fahrer sitzt mit angezogenen Knien zurückgelehnt und eingepfercht zwischen Polstern, Kardantunneln und Sitzen, mit den Hintern fast auf dem Boden, durch die Heckscheibe kann er nichts mehr erkennen und die Motorhauben-Länge kann er auch nur schätzen, zu allem Übel sind die meisten Lenksäulen zu kurz, sodass er mit ausgestreckten Armen fahren muss. Das führt dazu, dass man auf langen Autobahnfahrten langsam nach vorn einknickt, was den Sekundenschlaf fördert. Schiebt man den Sitz nach vorn, passt zwar die Armlänge, aber die Knie stoßen am Armaturenbrett an, wo sich dann bei älteren Fahrzeugen am rechten Knie der Starterschlüssel befindet. Die verstellbaren Lenker sind auch nur für Zwerge konstruiert, jedenfalls reicht die Ausziehlänge für große Menschen nicht aus, um eine halbwegs angenehme Sitzposition einstellen zu können. Das Armaturenbrett ist mit Elektronik vollgestopft, na klar, der Fahrer muss ja auch noch sein Wohnzimmer, mit Fernseher, Computer-Kommunikation, Handy und Freisprechanlage dabeihaben, dass Auto wird zum Büro, von Ergometrie und Vernunft, ist dass alles weit entfernt. In letzter Zeit wird immer mehr Glas und Kunststoff verbaut, das ist anscheinend billiger als Blech. Während amerikanische Fahrzeuge mit Stoßstangen ausgerüstet werden, die mindestens einen Aufprall von 30 km/h abkönnen, sind sie in Europa verschwunden. Kleinste Karambolagen verursachen größte Schäden, da denkt man gern an die Obsoleszenz, die in fast alle Produkte eingebaute Sollbruchstelle. „Was lange hält, bringt uns kein Geld", damit die Geräte bald wieder neu angeschafft werden müssen. Feine Sache für die Werkstätten, schlecht für die Autobesitzer. Wen wundert es da noch, dass immer mehr sogenannte SUVs auf den Straßen unterwegs sind. Das sind Geländefahrzeuge, fast immer ohne Knautschzonen, die ins Gelände oder in den Wald gehören und nicht auf die Straßen, denn dazu wurden sie konzipiert. Inzwischen sieht man immer mehr pseudo SUV' s ohne Geländegängigkeit, weil viele Fahrer/rinnen mit diesen vielen kleinen Autos, wie in einengenden Karnickelkisten, nicht mehr unterwegs sein wollen und sich den bequemen, mit höherer Sitzposition ausgestattetem Fahrzeugen zuwenden, die dann die Straßen und Parkplätze zumüllen. Will man dann mal neben ein paar dieser Monstervehikel parken, zerbeulen deren Türen, den „Normalfahrzeugen" die ganze Längsseite.

Die Autocrasher

Mit den Jahren hat sich eine ganze Auto-Chrasher Maffia breitgemacht, die an speziellen Kreuzungen und sonstigen unfallträchtige Stellen auf unaufmerksame Fahrer lauert, um sie in provozierte Unfälle zu verwickeln. Sie bleiben einfach stehen, obwohl sie die Vorfahrt haben. Wenn dann der unterberechtigte anfährt, geben sie Vollgas und knallen in ihn rein. Oder sie überholen, fahren danach langsam weiter um den Überholten zu provozieren. Er muss dann ständig aufpassen, weil der Überholer immer wieder mal Gas gibt und dann verzögert. Dann folgt in einem günstigen Augenblick vorn die Vollbremsung. Der hintere knallt hinein und steht dann als Unfallverursacher da. Die Polizei nimmt den angeblichen Unfall auf, der Chrasher lässt von einem privaten oder Versicherungs-Gutachter ein Gutachten erstellen, dass noch in der Höhe völlig überzogen ist. Meistens werden die Gutachter noch für ihre „Dienste" von den Chrashern bezahlt und setzen den Schaden viel zu hoch an. Die Versicherung zahlt den errechneten Schaden direkt an denn der Chasher aus, denn er muss sein Fahrzeug ja nicht reparieren lassen. Da geht es je nach Fahrzeugtyp oft um Summen von 10- 50.000 €. Der eigentlich geschädigte bleibt auf seinen Schaden sitzen und darf sein Auto auf eigene Kosten reparieren lassen, falls er nicht Vollkasko versichert ist. Leider fährt er danach einen Unfallwagen, mit dem entsprechenden Wertverlust. Wie bekannt geworden ist, stecken die Chrasher und die Gutachter oft unter einer Decke und leisten sich gegenseitige Hilfestellung. Der Gutachter kassiert mit und der Schaden am Chrasher-Auto wird nur für den nächsten „Unfall" notdürftig hergerichtet. Also aufgepasst, selbst wenn Ihnen von einem „lieben Fahrer" die Vorfahrt überlassen wird, dürfen Sie selbst unter umsichtigsten Fahrverhalten nie sicher sein, dass der andere Ihnen nicht Böses will. Doch es muss nicht immer ein Chrasher sein, nehmen wir mal an, jemand hat einen Schaden am Vorderrad, er lässt Ihnen in der Rashauer die Vorfahrt, winkt vielleicht noch, dass Sie fahren sollen und wartet genau, bis Sie losfahren, nun gibt er ebenfalls Gas und es knallt. Dann lässt er sich von Ihrer Versicherung „seinen Schaden" bezahlen. Sie verlieren Ihren Schadensfreiheits-Rabatt und haben dazu noch ein kaputtes Auto. Kein Polizist oder Richter wird Ihnen glauben, Sie sind und bleiben der Unfallverursacher, weil „Sie" die Vorfahrt nicht gewährt haben, es sei denn, Sie haben eine Dashcam mitlaufen. Damit können Sie jederzeit eine gerichtliche Auseinandersetzung gewinnen.

Verhalten gegenüber Polizeibeamten und Politessen

Wenn Sie bis hier mit dem Lesen durchgehalten haben, sollten Sie diesen Abschnitt auch noch schaffen. Es geht um das richtige Verhalten gegenüber Polizeibeamten und Politessen. Meistens beobachtet man, dass die Fahrer im Auto sitzenbleiben, wenn die Polizei sie anhält. Ich glaube, man sollte schon während sich die Polizei nähert aussteigen oder wenn es sich nicht anders machen lässt, sofort die Scheibe herunterkurbeln und den Beamten sagen: Moment, ich möchte bitte aussteigen. Auf keinen Fall gleich zum Handschuhfach rüber greifen um die Papiere heraus zu fischen, denn Polizeibeamte greifen in diesem Fall sofort mit der Hand an ihre Waffe um schussbereit zu sein, wenn jemand nach einer Waffe fingern sollte. Also, wenn Sie Missverständnisse, die manchmal tödlich enden können vermeiden wollen, zeigen Sie den Beamten immer ihre beiden Hände und schauen Sie ihn offen und freundlich an, er tut nämlich auch nur seine Arbeit. Stehen Sie nun dem Beamten gegenüber, haben sie mit Sicherheit eine bessere Verhandlungsposition in gleicher Augenhöhe, denn auch der Beamte kann sein Gegenüber nun viel besser einschätzen und wird ihn dementsprechend auch behandeln. Hören Sie sich ruhig an, was er zu sagen hat, überlegen Sie ihre Antwort in aller Ruhe und regen sie sich nicht auf, das kommt bestimmt nie gut an. Wenn es um einen Unfall geht, machen Sie nur dann eine Aussage, wenn Sie absolut sicher sind, dass Sie keine Schuld haben. Bezahlen Sie nie einen Strafzettel sofort, das ist ein Schuldanerkenntnis, dass Sie nie mehr rückgängig machen können. Machen sie bei Unfällen keine Angaben. Denken sie lange und in aller Ruhe darüber nach, was sie sagen wollen.

Erst überlegen – ist immer Überlegen.

Rei©Men 2018

Anhang:

Interessandte Fragen und Antworten auf viele Fragen:

Neueste Leserfrage: "Ist Kolonnenspringen erlaubt, also auf der Auto-bahn im Stau die Spur zu wechseln?"

<img crossorigin src="https://io.gmx.net/image/404/35639404,pd=3/ex-perte-albert-cermak-fachanwalt-verkehrsrecht-mue.jpg" alt="Bild zu Unser Experte: Albert Cermak, Fachanwalt für Verkehrsrecht in München." /> Der Experte: Albert Cermak, Fachanwalt für Verkehrsrecht in München.

Das sogenannte "Kolonnenspringen" ist per se nicht verboten, wird aber der Überholte gefährdet (zum Beispiel durch zu geringen Abstand) kann eine Ordnungswidrigkeit vorliegen. Zudem erhöht der Spurwechselnde sein Haftungsrisiko bei jedem Spurwechsel erheblich: Sollte es im engen zeitlichen und räumlichen Zusammenhang mit dem Spurwechsel zu einem Unfall kommen, liegt der Schluss nahe, dass der Spurwechselnde Schuld ist. Juristen nennen eine solche Schlussfolgerung "Anscheinsbeweis" für ein Verschulden. Der Spurwechsler muss dann praktisch beweisen, dass das Spurwechseln nicht Ursache für den Unfall war.

"Ich fahre auf der Landstraße in einer Autoschlange hinter einem langsamen Verkehrsteilnehmer, aber im Wagen direkt hinter ihm. Darf ich überholen?"

Auch das Überholen einer Fahrzeugkolonne auf einer Landstraße ist an sich erlaubt, solange keine "unklare Verkehrslage" vorliegt. Eine solche besteht laut der Straßenverkehrsordnung (§ 5 Abs. 3 Nr. 1), wenn nach allen Umständen mit gefahrlosem Überholen nicht gerechnet werden kann.

Schwierige Situationen entstehen aber meist dadurch, dass Fahrzeugführer weiter vorne in der Kolonne nicht damit rechnen, dass ein Fahrzeug von weiter hinten überholt. Sie konzentrieren sich vor allem auf den Gegenverkehr. Kommt es zum Unfall, spricht die Rechtsprechung dem Kolonnenüberholer meist eine Mithaftung am Unfall zu. Denn: Der "Idealfahrer", der mit Sorgfalt und Geistesgegenwart am Verkehr teilnimmt, überholt eben nicht mehrere Fahrzeuge auf einmal.

"Wenn man aus unserer Tiefgarage herausfährt, hat man kaum Blick auf möglicherweise querende Fußgänger. Wir fahren also sehr langsam, was Fußgängern eine rechtzeitige Reaktion erlauben würde. Verkehrswidrig benutzen den Fußweg aber auch Radfahrer mit Geschwindigkeiten um die 15 km/h. Wie ist die Rechtslage bei einer eventuellen Kollision?"

Radfahrer dürfen Gehwege nicht zum Fahren nutzen, dort müssen Fahrräder geschoben werden. Ein ganz eindeutige Haftungslage gibt es wegen der besonders hohen Sorgfaltspflicht von Autofahrern beim Ausfahren aus einem Grundstück oder einer Tiefgarage jedoch nicht. Die Spanne liegt hier in der Rechtsprechung meist zwischen einem Alleinverschulden des Radfahrers und einer 50/50 Haftungsverteilung.

"Darf man mit einem PKW an wartende Fahrzeugen vor geschlossener Bahnschranke links vorbeifahren, um in eine Seitenstraße links einzubiegen?"

Das Überholen von vor einer Bahnschranke wartender Fahrzeug ist nicht erlaubt, auch wenn Sie letztlich gar nicht über die Gleise wollen. Das besondere Gefahrenpotential an Bahngleisen/-schranken lässt hier keine Ausnahmen zu.

"Ich sehe oft Radfahrer über den Zebrastreifen fahren, ohne nach links oder rechts zu schauen und das Tempo zu verringern. Dürfen sie das? Sollte es Gebotsschilder geben, die sie darauf hinweisen, abzusteigen?"

Zebrastreifen sind Fußgängerüberwege. (Nicht geschobene) Fahrräder haben dort nichts zu suchen. Dies sollte eigentlich jedem bewusst sein.

Auto

Sicherheit auf der Straße: Diese Sommerreifen empfiehlt der ADAC

Darf die Polizei auch mal ein Auge zudrücken?

"Weshalb wird ein Rotlichtverstoß bei Radfahrern nicht geahndet? Ich habe selbst beobachtet, wie ein Radfahrer bei Rot über die Ampel fuhr

und von einem Streifenwagen mit Blaulicht gestoppt wurde. Kurzes Gespräch und er durfte weiter radeln. Es wurden keine Personalien aufgenommen und es wurde keine Strafe verhängt. Darf ein Polizist entscheiden, wer zahlen muss und wer nicht?"

Rotlichtverstöße von Radfahrern sind grundsätzlich genauso zu ahnden wie von Autofahrern, wenn auch die Bußgelder geringer sind und kein Fahrverbot droht (Bußgeldkatalognummern 137606 ff.).

Aber: Bei allen Ordnungswidrigkeiten dürfen Polizeibeamte "ein Auge zudrücken" und es beispielsweise bei einer mündlichen Verwarnung belassen. Es gibt zwar ein sogenanntes Legalitätsprinzip: die Pflicht, bei einer Strafverfolgungsbehörde ein Ermittlungsverfahren zu eröffnen, wenn es einen Anfangsverdacht gibt. Doch dieses Prinzip gilt nur bei Straftaten, nicht bei Ordnungswidrigkeiten.

Ordnungswidrigkeiten sind alle Vergehen, die nur mit einem Bußgeld (und eventuell einem befristeten Fahrverbot) geahndet werden. Hier einige Beispiele für Ordnungswidrigkeiten im Straßenverkehr:

- Geschwindigkeitsverstöße
- Abstandsverstoß
- Rotlichtverstoß
- Handy am Steuer

Ein Auge zugedrückt wird eher bei kleineren Verstößen gegen die Straßenverkehrsordnung (StVO), etwa Gurtpflicht oder Beleuchtungspflicht. Wenn die Beamten von einem fahrlässigen Verstoß ausgehen und man sich einsichtig zeigt, verbleibt es oftmals bei einer mündlichen Verwarnung.

Eine nicht unbedeutende Rolle spielt das auch für das Privatleben von Polizeibeamten. Denn auch da gilt: Wenn ein Polizeibeamter (auch privat) von einer Straftat erfährt, muss er diese zur Anzeige bringen (zum Beispiel eine Körperverletzung bei einer Kneipenschlägerei, Betäubungsmittel-Delikte, etc.).

Wenn es nur um eine Ordnungswidrigkeit geht, muss ihn das nicht interessieren. Auch, ob die Polizei nach einem Unfall den Unfall aufnimmt, kann damit zusammenhängen. Gibt es nur einen Sachschaden und die Polizei hat gerade viel zu tun, wird den Beteiligten oft gesagt, dass keine Beamten zur Unfallstelle kommen. Gibt es aber einen Personenschaden, steht eine fahrlässige Körperverletzung (was eine Straftat darstellt) im Raum, so dass die Polizei kommen muss.

Auch im Straßenverkehr gibt es zahlreiche Straftatbestände - alles, was dazu im Strafgesetzbuch (StGB) steht und vereinzelt auch in anderen Gesetzen, vor allem in § 21 des Straßenverkehrsgesetzes "Fahren ohne Fahrerlaubnis". Die wichtigsten Verkehrsstraftaten im StGB sind :

- § 142 Unerlaubtes Entfernen vom Unfallort
- § 229 Fahrlässige Körperverletzung
- § 240 Nötigung
- § 315b Gefährliche Eingriffe in den Straßenverkehr
- § 315c Gefährdung des Straßenverkehrs
- § 315d Verbotene Kraftfahrzeugrennen
- § 316 Trunkenheit im Verkehr

"Ein Linienbus, der innerorts aus einer Bucht ausfahren möchte, hat Vorfahrt. Wie aber sieht das außerhalb geschlossener Orte aus? Hat er auch hier Vorfahrt? Kann er den Blinker setzen und ich muss dann eventuell stark abbremsen, um den Bus ausfahren zu lassen?"

Die besonderen Vorsichtsmaßnahmen an Bushaltestellen (§ 20 der Straßenverkehrsordnung) sind sowohl inner- als auch außerorts einzuhalten. Voraussetzung für die Geltung ist das bekannte Haltestellenschild (Zeichen Nr.224 der Anlage zur StVO).

Blinken - oder nicht?

"Ein weißer Pfeil auf blauem Grund gibt die Fahrtrichtung vor. Ist es richtig, dass ich nicht blinken muss, wenn ich der Richtung folge und abbiege?"

Das ist falsch. Nach § 9 StvO sind Sie dazu verpflichtet, Abbiegen immer "rechtzeitig und deutlich" anzukündigen.

<img crossorigin src="https://io.gmx.net/image/058/35464058,pd=3.jpg" alt="Bild zu " />

© Getty Images/iStockphoto

"Wenn ich dem Verlauf der abknickenden Vorfahrtstraße folge, muss ich dann blinken?"

Wer abbiegen will, muss den entsprechenden Blinker setzen, das besagt § 9 Abs.1 der Straßenverkehrsordnung (StVO) sinngemäß. Dies gilt auch bei abknickender Vorfahrt. Kommt es zum Unfall und wurde zuvor nachweislich nicht geblinkt, steht trotz Vorfahrtsberechtigung eine Mithaftung im Raum.

"Wenn ich als Fahrradfahrer auf der abknickenden Vorfahrtstraße unterwegs bin, aber nicht abbiege, sondern weiter geradeaus fahre: Wie kann ich das den Autofahrern signalisieren? Sie warten ja, weil sie davon ausgehen, dass ich abbiegen will und entsprechend Vorfahrt hätte.

Auf einer abbiegenden Vorfahrtstraße muss derjenige, der dieser folgt, genauso sein Abbiegen ankündigen, wie sonst auch. Wenn also kein Abbiegen angezeigt wird, sollten die anderen Verkehrsteilnehmer auch nicht davon ausgehen, dass Sie abbiegen wollen.

Sie müssen also nicht signalisieren, dass Sie geradeaus fahren werden – ein solches Zeichen gibt es in diesem Sinne auch nicht. Natürlich steht es Ihnen frei, individuell mit Handzeichen darauf hinzuweisen, aber verlassen Sie sich lieber nicht darauf. Besser der Autofahrer wartet einmal zu viel, als einmal zu wenig.

Spurwechsel auf der Autobahn: Wer hat Vorrang?

"Wenn auf einer dreispurigen Autobahn gleichzeitig der von rechts auf die mittlere Spur und der von links auch auf die mittlere Spur will: Wer hat Schuld, wenn es zu einem Unfall kommt?"

Dies ist tatsächlich eine häufige Unfallursache. Hier gibt es kein überwiegendes Verschulden eines der Verkehrsteilnehmer. Es gibt kein rechts vor links beim Spurwechsel oder etwas in dieser Art. Die Haftung ist 50/50, beide Fahrer haften zu gleichen Teilen.

"Mich würde interessieren ob das Schild ‚Tempo 30' mit dem Hinweis ‚Schule' immer gilt (also auch nachts, Sonntags und in den Ferien) oder nur zu den üblichen Schulzeiten oder wenn Zeiten auf dem Schild angegeben sind."

Ohne Zeitangaben ist davon auszugehen, dass das Schild immer, also auch abends und an Ferien- beziehungsweise Feiertagen gilt. Die Begründung liefert das OLG Brandenburg:

- *"Im Interesse der Verkehrssicherheit dürfe es nicht dem einzelnen Verkehrsteilnehmer überlassen bleiben, nach einer differenzierten Betrachtung selbst zu beurteilen, ob die Anordnung einer Geschwindigkeitsbegrenzung aufgrund der örtlichen Besonderheiten auch für auf Wochentage fallende gesetzliche Feiertage sinnvoll ist und gelten soll." (Quelle: OLG Brandenburg, Beschluss vom 12.9.2019, Az.: (2 Z) 53 Ss-OWi 488/19 (1774/19))*

"Was kann ich machen bei einem Unfall auf der Autobahn, bei dem die Autobahn lange gesperrt ist und ich dringend zur Toilette muss. Aussteigen ist auf der Autobahn untersagt."

Es gilt hier: "Eine Notdurft ist in der Regel kein Notfall". Denkbar ist ein Aussteigen ja ohnehin nur im Stau, auch hier riskieren Sie aber Bußgelder von 30 bis 70 Euro. Wenn bekannte Probleme mit einer schwachen Blase bestehen, gibt es für solche Fälle Notfall- oder Taschen-Toiletten auf dem Markt, die man im Auto dabei haben kann.

"Wenn auf einer Autobahn eine Höchstgeschwindigkeit von 120 vorgegeben ist und beide Fahrbahnen sind gut besetzt: Muss ich dann die linke Spur frei machen, wenn mich jemand überholen will, der dafür schneller als 120 km/h fahren muss?"

Generell gilt auf der Autobahn das Rechtsfahrgebot. Der linke Fahrstreifen darf also grundsätzlich nur zum Überholen genutzt werden. Wenn Sie sich also nicht in einem Überholvorgang befinden beziehungsweise nicht ein (weiterer) Überholvorgang unmittelbar bevorsteht, müssen Sie auf die rechte Spur, egal, ob hinter Ihnen ein schnelleres Fahrzeug ist oder nicht. Etwas anderes gilt nur bei zähfließendem Verkehr.

Fragen zu Fahrradfahrern: Warum brauchen sie keinen Führerschein? Müssen sie den Radweg benutzen?

"Ein Radfahrer nähert sich von hinten einem Fußgänger: Gibt es keine Regel, dass er sich mit einem Geräusch (Klingel) bemerkbar machen muss?"

Nein, dazu gibt es keine Vorschrift. Allerdings: Radfahrer sollen klingeln, wenn sie Fußgänger überholen, und gleichzeitig abbremsen, so die Rechtsprechung. Nach § 64a StVO ist eine Klingel am Fahrrad jedenfalls Pflicht.

"Warum müssen Fahrradfahrer eigentlich keinen Führerschein haben?"

Die einfache Antwort: Weil es kein Gesetz dafür gibt. Persönlich denke ich aber, dass zumindest eine verpflichtende Verkehrsschulung für jeden Radfahrer überlegenswert wäre, sofern dieser keinen Kfz-Führerschein hat. Kinder erhalten eine solche Schulung ja in den Schulen, gegen Ende der Grundschulzeit.

Interessant in diesem Zusammenhang ist, dass es aber durchaus Fälle gibt, in dem die Fahrerlaubnisbehörde es jemandem untersagen darf, mit dem Fahrrad - beziehungsweise sogenannten fahrerlaubnisfreien Fahrzeugen - am Straßenverkehr teilzunehmen. Ein Beispiel wäre die Trunkenheitsfahrt auf dem Fahrrad mit mehr als 1,6 Promille. In solchen Fällen muss derjenige eine MPU (Medizinisch-Psychologische Untersuchung) positiv absolvieren, um wieder oder weiter Fahrrad fahren zu dürfen.

"Ich beobachte es häufig, vor allem auf der Landstraße: Selbsternannte Radrennfahrer fahren auf der Straße - oft sogar im Pulk zu dritt oder viert nebeneinander - obwohl ein gut ausgebauter Fahrradweg zur Verfügung steht. Dürfen sie das? Was kann man dagegen tun? Anzeigen geht nicht, da Fahrräder keine Kennzeichen haben."

Tatsächlich besteht für Radfahrer nur die Pflicht, Radwege zu benutzen, wenn dies durch das Zeichen Nummer 237 (oder die Zeichen 240 und 241 zur gemeinsamen Nutzung des Fußgänger- und Fahrradwegs) angeordnet wird - vergleiche § 2 Absatz 4 der Straßenverkehrsordnung (StVO). Dort ist auch geregelt, dass Radfahrer nur nebeneinander fahren dürfen, wenn dadurch der Verkehr nicht behindert wird.

- **Info:** Auf der Seite Radfahren.de finden Sie die genannten Schilder im Detail aufgeführt.

In sogenannten "geschlossenen Verbänden" von mehr als 15 Radfahrern dürfen die Radler aber immer zu zweit nebeneinander fahren, vgl. § 27 StVO.

Angezeigt werden kann natürlich jeder Verstoß im Straßenverkehr. Ob die Anzeige jedoch Erfolg hat, hängt auch von der Beweislage ab.

Wenn Ihnen ein Verstoß auffällt, den Sie zur Anzeige bringen möchten, rufen Sie im Zweifel die 110 an und klären die mögliche Vorgehensweise ab.

<img crossorigin src="https://io.gmx.net/image/702/35165702,pd=1/fahrrad-weg-pflicht.jpg" alt="Bild zu fahrradweg, pflicht" /> Bei diesem Schild gilt: Radfahrer müssen den Fahrradweg benutzen.

© Getty Images/iStockphoto

Abstand beim Überholen von Fahrrädern: Fragen zur neuen Regel

"Beim Überholen von Fahrrädern sollen jetzt immer 1,5 Meter Abstand gehalten werden. Gilt das auch für Gegenverkehr? Mir fällt auf: Wenn auf der Gegenseite Autos parken, ist der Abstand zwischen Auto und Fahrrad oft gefährlich klein."

Zum Abstand im sogenannten "Begegnungsverkehr" ist auch in der neuen StVO nichts geregelt. Es gilt demnach schlichtweg das Gebot der gegenseitigen Rücksichtnahme (also § 1 Abs.2 StVO).

"Um den Abstand zu Fahrräder zu wahren, gerät man nun häufig auf die Gegenfahrbahn. Ist das nicht gefährlich? Wozu wurde diese Regel eingeführt?"

Die Vorschrift wurde schlichtweg zur Stärkung der Fahrradfahrer als Verkehrsteilnehmer eingeführt. Fahrradfahrer sind vollwertige Fahrzeuge im Straßenverkehr. Wie bei jedem Überholvorgang muss der Überholende ausschließen, dass es zur Gefährdung des Gegenverkehrs kommt. Ist kein gefahrloses Überholen möglich, darf nicht überholt werden.

Urlaub

Mit dem Auto in den Urlaub: Praktische Dachboxen, Fahrradträger & Co.
von Natalie Decker

"Wenn Fahrräder als ‚vollwertige Fahrzeuge im Straßenverkehr' gelten: Warum sind sie nicht versteuert und nicht mit einem Kennzeichen versehen? Radfahrer können auf diese Weise schnell von Unfallorten fliehen, ohne dass andere Verkehrsteilnehmer die Möglichkeit hätten, sie zu identifizieren.

Fahrräder sind vollwertige "Fahrzeuge" im Straßenverkehr im Sinne des Paragraphen 2 der StVO. Für Sie gelten grundsätzlich die selben Regeln wie für andere Fahrzeuge.

Sie sind jedoch keine "Kraftfahrzeuge" und unterliegen somit nicht der Kraftfahrzeugsteuer. Dass Fahrräder keine Kennzeichen haben (und auch keine Pflicht-Haftpflichtversicherung) ist eine rein politische Entscheidung.

Bei einer Unfallflucht würde übrigens ein Kennzeichen nicht zwangsläufig weiterführen. Denn bei der Unfallflucht muss der Fahrer eindeutig identifiziert werden, nicht das Fahrrad.

"Zur neuen Regelung beim Überholen habe ich eine Frage, die bis dato nirgends beantwortet wurde: Ist ein Fahrradweg vorhanden, fährt der Radfahrer tendenziell eher in der Mitte des Weges und nicht ganz rechts. Der nun erforderliche Abstand von 1,5 Metern ist dann häufig nicht gegeben. Darf ich ihn als Autofahrer trotz separater Spur tatsächlich auch nicht überholen?

So lautet die Regel nach § 5 Absatz 4 StVO:

- "Beim Überholen mit Kraftfahrzeugen von zu Fuß Gehenden, Rad Fahrenden und Elektrokleinstfahrzeug Führenden beträgt der ausreichende Seitenabstand innerorts mindestens 1,5 m und außerorts mindestens zwei Meter. An Kreuzungen und Einmündungen kommt Satz 3 nicht zur Anwendung, sofern Rad Fahrende dort wartende Kraftfahrzeuge nach Absatz 8 rechts überholt haben oder neben ihnen zum Stillstand gekommen sind. Wer überholt, muss sich so bald wie möglich wieder nach rechts einordnen. Wer überholt, darf dabei denjenigen, der überholt wird, nicht behindern."

Es kommt also auf den tatsächlichen Abstand an. Letztendlich ist es hier Aufgabe der Verkehrsplanungsbehörden für solche Begebenheiten zu sorgen, dass alle Verkehrsteilnehmer sich an die Verkehrsregeln halten können und trotzdem der Verkehrsfluss gewahrt wird.

Zudem gilt für alle das Gebot der gegenseitigen Rücksichtnahme aus § 1 StVO, das leider vielen Verkehrsteilnehmern unbekannt zu sein scheint:

- *"Die Teilnahme am Straßenverkehr erfordert ständige Vorsicht und gegenseitige Rücksicht. (2) Wer am Verkehr teilnimmt hat sich so zu verhalten, dass kein Anderer geschädigt, gefährdet oder mehr, als nach den Umständen unvermeidbar, behindert oder belästigt wird."*

"Gilt die neue Regel auch im Umkehrschluss für Radfahrer? Wenn ich gezwungen bin, langsam zu fahren, werde ich immer wieder mit deutlich weniger Abstand von Radfahrern überholt - sowohl links, als auch rechts. Da wird einem angst und bange. Wer ist in einem solchen Fall Schuld, wenn ein Unfall passiert?"

Fahrräder dürfen unter bestimmten Voraussetzungen rechts überholen, § 5 Absatz 8 StVO:

- "Ist ausreichender Raum vorhanden, dürfen Rad Fahrende und Mofa Fahrende die Fahrzeuge, die auf dem rechten Fahrstreifen warten, mit mäßiger Geschwindigkeit und besonderer Vorsicht rechts überholen."

Wie oben erwähnt, gilt in solchen Fällen auch eine Ausnahme von den 1,5 Metern Abstand. Für den Radfahrer gelten ansonsten die gleichen Regeln beim Überholen wie für Kraftfahrzeuge. Wenn durch einen unsachgemäßen Überholvorgang ein Unfall verursacht wird, haftet der Radfahrer.

"Das neue Gesetz ist in der Praxis nicht durchführbar. Auf einer Strecke in meiner Nähe - drei Kilometer durchgezogene Line, bergauf, kurvig - sind viele Moped- und Radfahrer unterwegs. Die Fahrbahnbreite beträgt etwa viereinhalb Meter. Man müsste hier für ca. 20 Minuten hinter den Fahrrädern fahren, um sich an die Regel zu halten! Das macht niemand. Ich habe mich an das Verkehrsministerium gewandt, das mich an die zuständige Behörde verwies. Meine zweite Mail dazu blieb unbeantwortet. Was ist Ihre Sichtweise und haben Sie einen Rat?"

Gesetze sollen möglichst viele Fälle regeln, sind aber leider nicht immer und überall gleichermaßen gut anwendbar. Die Verkehrsplanung hinkt hier offensichtlich dem Gesetz hinterher. Wenn Sie durch direkte Anfragen bei den Behörden kein Gehör finden, empfehle ich, es über einen Automobilclub zu versuchen.

Überholen auf der Autobahn

"Ich bin häufig zügiger - aber mit Umsicht - auf der linken Autobahnspur unterwegs. Erahne ich, dass ein anderer Fahrer auf die linke Spur wechseln will, setze ich den Blinker, um darauf aufmerksam zu machen, dass ich mit höherer Geschwindigkeit ankomme. Dies wird nicht immer erkannt oder auch einfach ohne Rücksicht auf den herannahenden Verkehr ignoriert, was mich dazu zwingt, meine Geschwindigkeit enorm zu reduzieren. Falls ich mein Fahrzeug nicht mehr rechtzeitig abbremsen kann, wer trägt die Schuld?"

Zunächst einmal möchte ich hier den § 5 Abs.5 StVO erwähnen. Dieser erlaubt ausdrücklich, dass außerhalb geschlossener Ortschaften das Überholen durch Licht-oder Hupzeichen angekündigt wird. Allerdings ist immer darauf zu achten, dass der nötige Sicherheitsabstand gewahrt bleibt, sonst kann man sich als Überholender schnell dem Vorwurf der Nötigung ausgesetzt sehen.

Was das Auffahren auf ein kurz zuvor auf die Spur gewechseltes Fahrzeug betrifft: Ist nachweisbar, dass das Fahrzeug unmittelbar zuvor die Spur gewechselt hat, spricht der sogenannte Anscheinsbeweis für ein Alleinverschulden des Spurwechslers. Fährt der Auffahrende aber schneller als die Richtgeschwindigkeit von 130 km/h (auf Autobahnen), ist in der Regel von einer Mithaftung auszugehen, jedenfalls dann, wenn bei Einhalten der Richtgeschwindigkeit der Unfall hätte vermieden werden können. Generell gilt: Bei einem Unfall zwischen zwei Kraftfahrzeugen ist immer nur dann eine Alleinhaftung des einen gegeben, wenn man davon ausgeht, dass der Unfall für den anderen unvermeidbar war.

Wie bildet man eine Rettungsgasse?

"Immer wieder erlebe ich, dass Autofahrer bei Stau beginnen, eine Rettungsgasse zu bilden – andere sich aber nicht daran halten und über die freigewordene Spur überholen. Ab wann ist die Situation für eine Rettungsgasse gegeben?"

Sobald die Fahrzeuge in Schrittgeschwindigkeit fahren oder sich im Stillstand befinden, ist außerorts (auf Autobahnen und Außerortstraßen mit mindestens zwei Fahrstreifen pro Fahrtrichtung) eine Rettungsgasse zu bilden.

"Wie sieht diese Rettungsgasse auf einer dreispurigen Autobahn aus, wenn ein Standstreifen vorhanden ist?"

Die Rettungsgasse ist immer zwischen dem äußerst linken Fahrstreifen und dem Streifen rechts daneben zu bilden. Die Fahrzeuge auf der linken Spur müssen also so weit wie möglich nach links fahren.

Grundsätzlich ist der Standstreifen freizuhalten, da er eben nur zum Stehen da ist. Wenn aber ansonsten keine Rettungsgasse gebildet werden kann, darf er notfalls zur Hälfte mitbenutzt werden. Es gibt dazu keine klare gesetzliche Regelung. Man leitet dies vom Sinn und Zweck der Vorschriften ab.

Ist der Standstreifen allerdings explizit freigegeben, gilt er als normaler Fahrstreifen.

Rettungsgasse richtig bilden

Rettungsgasse bilden

Rettungsgasse immer zwischen der ganz linken und den verbleibenden Fahrbahnen bilden.

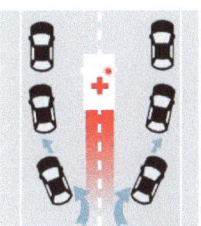 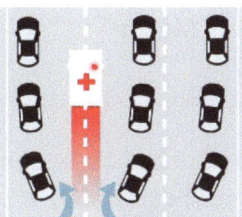

Rechte-Hand-Regel

Standstreifen nicht befahren

Trotz Rettungsgasse dürfen Standstreifen und Fahrbahnbegrenzung nicht befahren werden.

Rettungsfahrzeuge

Die Rettungsgasse darf nur von Rettungsfahrzeugen befahren werden.

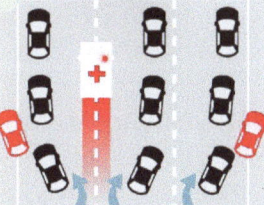

Fahrzeug nicht verlassen

In einer Rettungsgasse darf das Fahrzeug niemals verlassen werden.

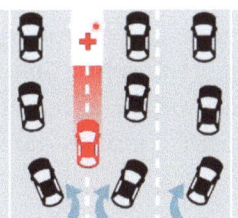

© 1&1 Mail & Media, Stand: 19. Mai 2020. Quelle: ADAC

<img

crossorigin   src="https://io.gmx.net/image/924/34124924,pd=3/ret-tungsgasse-richtig-bildem.png" alt="Bild zu Rettungsgasse richtig bil-dem" />

Rechtsfahrgebot: Was tun bei einem Verstoß?

"Es ist zunehmend zu beobachten, dass Autofahrer sich nicht an das Rechtsfahrgebot halten, den mittleren Fahrstreifen blockieren und nicht nach rechts ausweichen. Lohnt es sich, in solchen Fällen das Kennzeichen zu notieren? Was droht Fahrern, die das Rechtsfahrgebot missachten?"

Das Rechtsfahrgebot ist neben dem Gebot der gegenseitigen Rücksichtnahme eines der Grundprinzipien im deutschen Straßenverkehrsrecht.

Bei einem Verstoß drohen 80 EUR Bußgeld und ein Punkt in Flensburg. Bei einem hartnäckigen Blockieren von Spuren kann sich eine Anzeige also durchaus spürbar auswirken.

Abzuraten ist von Versuchen, den Vorausfahrenden durch zu nahes Auffahren zum Freimachen der Spur zu bewegen. Das kann den Straftatbestand der Nötigung erfüllen und zu Geldstrafen führen, die individuell nach Tagessätzen bestimmt werden und bei etwa einem Nettomonatsgehalt liegen. Zusätzlich gibt es meist ein ein- bis dreimonatiges Fahrverbot.

Im "Notfall" über die rote Ampel?
"Zu ihrem Artikel 'Darf ich im Notfall schneller fahren?' habe ich eine Frage: Als meine Mutter 1994 einen Herzinfarkt erlitt, wurde es mir verweigert, im Krankenwagen mitzufahren. Also fuhr ich im eigenen Auto hinterher - und über eine rote Ampel. Ich musste 100 Mark Strafe bezahlen. Die Straßen waren leer. War das rechtens?"

Das Hinterherfahren hinter dem Rettungswagen stellt keinen Fall des Notstands dar, der einen Rotlichtverstoß rechtfertigen und damit straffrei machen würde.

Die Gesundheit des Patienten hängt schlichtweg nicht davon ab, dass etwa ein hinterherfahrender Angehöriger gleichzeitig mit dem Patienten im Krankenhaus ankommt. Die Gefahr für den Straßenverkehr, die ein solcher Rotlichtverstoß mit sich bringt, ist nicht hinnehmbar.

Darf ich Radio und Navi beim Fahren bedienen?

"Ohne Freisprechanlage zu telefonieren, während man fährt, ist natürlich verboten. Aber wie sieht es mit der Bedienung anderer Geräte aus: Radio, Navi und sonstige Screens? Kann so etwas überhaupt überprüft und geahndet werden?"

Was viele nicht wissen: Auch die Bedienung anderer Geräte als Smartphones ist mittlerweile nur sehr eingeschränkt erlaubt. §23 Abs.1a StVO besagt zusammengefasst:

- Jegliche elektronische Geräte, die der Kommunikation, Information oder Organisation dienen oder zu dienen bestimmt sind, dürfen nur benutzt werden, wenn sie dafür nicht in die Hand genommen werden müssen. Zudem müssen sie über eine Sprachsteuerung oder Vorlesefunktion nutzbar sein - oder es muss lediglich ein kurzer Blick erfolgen, der den Fahrer nicht vom Verkehrsgeschehen ablenkt.

In der Praxis wird meist darauf abgestellt, ob Tippbewegungen erkennbar sind. So ist etwa das Schreiben einer Kurznachricht, während das Handy in der Halterung ist, nicht erlaubt. Letztendlich soll jegliche Ablenkung durch elektronische Geräte vermieden werden. Wer dagegen verstößt, muss im Regelfall mit 100 Euro Bußgeld und einem Punkt in Flensburg rechnen.

(af)

Zur Person: Albert Cermak ist Fachanwalt für Verkehrs- und Arbeitsrecht in München.

Sie suchen Antworten auf Fragen zum Verkehrsrecht? Schreiben Sie uns! Unter "Kontakt in die Redaktion" unter diesem Artikel haben Sie die Möglichkeit, uns Ihre Frage zu schicken.

Nachsatz

Wie Sie sicher verstehen werden, übernehme ich für meine unwissenschaftlichen Anregungen und Ratschläge keine Haftung. Ich wünsche ihnen allezeit eine gute Fahrt auf allen Straßen.

Ach, fast hätte ich's vergessen, wenn Sie sich mit Selbstmordabsichten tragen, bitte nicht das Auto benutzen, es gibt mit Sicherheit bessere Methoden sich umzubringen als mit dem Fahrzeug, denn das hat inzwischen einen gewaltigen Sicherheits-Standard. Das haben schon viele versucht und sind im Krankenhaus mit zerschmetterten Knochen wieder aufgewacht. Denken Sie auch daran, dass dabei unbeteiligte zu Schaden kommen können und das wollen Sie doch nicht wirklich.

Ende

Wenn Ihnen mein Buch gefallen hat, möchte ich Sie bitten eine Bewertung abzugeben. Gehen Sie in den Amazon-Büchershop, schreiben Sie Horst Reiner Menzel, klicken Sie in das Cover-Bild und wählen Sie Rezension, oder klicken Sie in das Feld Schreiben Sie eine Bewertung und nicht vergessen, Sie müssen Sterne vergeben. Vielen Dank für Ihre Mühe.

Leser-Informationen

Horst Reiner Menzel wurde am 14. September 1938 in Spremberg in der Mark Brandenburg geboren. Nach dem Besuch der Schule und dem Abschluss einer Handwerks-Lehre war Menzel in den Jahren von 1953 bis 1959 im Kanu- Leistungssport aktiv. Er verließ 1959 die DDR, weil ihm die Ausbildung zum Meister und auch ein Studium der Holztechnologie verwehrt wurden, vermutlich Sippenhaft, weil sein Onkel von 1949 - 1954 als politisch Verfolgter in Torgau und Bautzen einsaß. Menzel arbeitete dann in der Bundesrepublik in einem größeren Handwerksbetrieb und begann eine kaufmännische Ausbildung, in deren Anschluss er von 1959 bis 1980 als Angestellter und Betriebsleiter, in diesem Betrieb tätig war. Ab 1980 führte Menzel zusammen mit seiner Frau Doris einen eigenen selbständigen Handwerksbetrieb, bis er im Jahre 2003 den Betrieb an seinen Schwiegersohn übergab, in Pension ging und sich dem Schreiben widmete.

Hobbys: Sport - Musik - Schach - Schreiben - Bücher lesen

Der Autor

Veröffentlichungen:

Amazon und BoD Verlag Norderstedt

1

Gedichte und Aphorismen erzählen Geschichten
Nachdenkliches für Mußestunden
ca. 175 Gedichte 500 Aphorismen u. Epigramme
Herstellung und Verlag: BoD - Books on Demand, Norderstedt
ISBN: ISBN: 9783753440156

2

Deutsch-Amerikanische Familien-Saga
Eine Familien-Saga erzählt die Geschichte der Auswanderer,
von Siedler-Trecks, Goldgräbern und Farmern,
von den Kriegsereignissen und der Nachkriegszeit.
Taschenbuch ISBN: 9783753496986

3

German-American Family-Saga
A family saga tells the story of the emigrants, of settler treks, gold
diggers and farmers, of the war events and the post-war period.
Amazon Paperback: ISBN: 9798575985259
Amazon E-Book-Code ASIN: B08PP1FS6F

4

Denkanstöße-Philosophische Betrachtungen
Gesellschaft im Wandel der Zeiten
Herstellung und Verlag: BoD - Books on Demand, Norderstedt
ISBN: Taschenbuch: ISBN 9783753420615

5

Denkanstöße Philosophische – Betrachtungen
Astronomie – Physik – Universum
Künstliche Intelligenz – Robotik
Herstellung und Verlag: BoD - Books on Demand, Norderstedt
ISBN: Taschenbuch: ISBN 9783752683417

6

Der ~Blitzschutz~
Die Entstehung einer Branche und ihre Normen-Krise
von 1955 - 2010
Amazon Taschenbuch: ISBN 13: 978-1508509301
Amazon E-Book-Code ASIN: B0098PNPEQ

7

Segelfieber
Fahrtensegler-Roman in der Seemannssprache, welche die harten
Realitäten auf hoher See nicht mit Seefahrerromantik verklärt, son-
dern aufklärt.
Herstellung und Verlag: BoD - Books on Demand, Norderstedt
Taschenbuch ISBN: 9783746047720

8

Lebensabschnitte
Episoden-Geschichten, Erinnerungen an den Krieg,
die Nachkriegsjahre, den Neuaufbau Deutschlands.
Amazon Taschenbuch: ISBN 13: 978-1508520634 E-Book-Code ASIN:
B00863LFAC

9

Stalking-Report
Der Jurist definiert Stalking als Nachstellung und Verfolgen einer Person, die solange wiederholt wird, bis das Opfer in seiner physischen
oder psychischen Unversehrtheit nachhaltig gestört ist und sich lang-
fristig bedroht und geschädigt fühlt. Der Roman erzählt die Geschichte einer jungen Frau, die anfangs das Geschehen für den
Spleen eines abgewiesenen Verehrers hält, sich dann aber bald in ihren Lebenskreisen immer mehr einschränken muss, um den exzessi-
ven Nachstellungen des Stalkers zu entgehen. Die hilfesuchend die
Behörden anruft, aber lange Zeit auf taube Ohren stößt. Erst durch
ein entscheidendes Ereignis, dass sie selber auslöst, wird sie plötzlich
vom Opfer zur Angeklagten.
Herstellung und Verlag: BoD - Books on Demand, Norderstedt
ISBN: Amazon Taschenbuch: ISBN-13: 9783752641110

10

Stalking Report

The jurist defines stalking as the stalking and pursuit of a person that is repeated until the victim is permanently disturbed in his physical or psychological integrity and feels threatened and harmed in the long term. The novel tells the story of a young woman who initially believes the events to be the quirk of a rejected admirer, but soon has to restrict herself more and more in her life circles in order to escape the excessive stalking of the stalker. She calls the authorities seeking help, but for a long time it falls on deaf ears. Only through a decisive event that she herself triggers, she suddenly goes from victim to defendant.

Amazon Paperback: ISBN: 979-8582816287
Amazon e-book ASIN: B08QVRX4C2

11

Das Verkehrs ABC

Ein Erfahrungsbericht aus 55 Jahren Fahrpraxis

Die häufigsten Fahr- und Denkfehler der

Verkehrsteilnehmer – Wie überlebe ich im Verkehrs-Chaos

BoD - Books on Demand, Norderstedt
ISBN: 9783752825053

12

Paddelfieber und Silberpappeln

Roman und Huldigung an den Kanusport

– Paddeln – Freizeit – Freiheit in der Natur genießen.

Eine der wenigen Sportarten, die Welt aus einer anderen Perspektive zu sehen.

Herstellung und Verlag: BoD - Books on Demand, Norderstedt
Taschenbuch mit Farbfotos: ISBN-9783753480824

13

Die Aussteiger-The Dropouts

Oase der Lebensfreude für Zivilisationsmüde

BoD Books and Demand und Amazon
Taschenbuch ISBN: 9783753462264

14

Elektrofahrrad-Pedelec von A -Z
Ein Erfahrungsbericht für Einsteiger
- Technik - Navigation - Verkehrsprobleme und mehr
Amazon Taschenbuch ISBN 13: 978-1508444350
Amazon E-Book-Code ASIN: B00T80UC42

15

Für tot erklärt
>Für tot erklärt < - erzählt die fiktive Geschichte von Rudolph Kaiser und beschreibt eine für seine Familie unerträgliche Situation in drei Teilen. Die des „Kriminellen", des „Verschwundenen" und die, der „Hinterbliebenen". Eigentlich eine wahre Geschichte, die sich jeden Tag an Land und auf hoher See, in der Berufs- Kreuz- und der Sport-Schifffahrt von Neuem ereignen kann.
BoD Books and Demand
Taschenbuch ISBN: 9783753482002

16

Die Tuchmacha
Eine leidenschaftliche Heimat-Geschichte beginnend mit dem Erwachen des Industriezeitalters im 19. Jahrhundert der Spremberger Tuchmacherdynastien, erzählt von einem mit Spreewasser getauften Spremberger Horst Reiner Menzel.
Herstellung und Verlag: BoD - Books on Demand, Norderstedt
Taschenbuch mit Farbfotos: ISBN-9783753480503

17

Short Storries
What all this has come together in a long life.
Stories to smile and think about.
Impaled and written down,
Short stories to fall in love with.
Amazon Paperback: ISBN 9798692510969
Amazon E-Book Code: ASIN: B08KHH7VZ7

18

Der Blitz-König

Ein Blitzschutz-König, das war er in seinem Reich und in der Branche, ein Monarch im Tun und Handeln, und er wurde es wahrlich, ohne große eigene Anstrengung und Zutun. Sein Verdienst war es allerdings, immer die richtigen Leute zu finden, die ihn am Ende dorthin brachten was er haben wollte:

Viel Geld.

Herstellung und Verlag: BoD - Books on Demand, Norderstedt
Taschenbuch mit Farbfotos: ISBN-978-375-266-0098

19

Kurzgeschichten

Was so alles zusammengekommen ist in einem langen Leben. Geschichten zum Schmunzeln und Nachdenken.

Amazon Taschenbuch: ISBN 9798682501441
Amazon E-Book ASIN: B08HK23CN4 Deutsche-Version
Amazon Paperback: ISBN: 9798692510969 Deutsch
Amazon E-Book ASIN: ASIN: B08KHH7VZ7 English Edition
Taschenbuch: ISBN: 9783752660098
E- Book Code: ASIN: B08LKF1KGX

20

Das Schwimmbad A B C

Die allermeisten Bauherren sind Schwimmbad-Leien. Es gibt auch nur wenige Architekten, die sich mit der Materie wirklich auskennen. Man verlässt sich gern auf die „Fachleute" respektive Schwimmbad-Errichter-Firmen und steht dann oft schon beim Bau und später bei der Schwimmbadbetreuung einsam und verlassen da. Die Anlage kann durchaus gut und richtig geplant und auch ausgeführt worden sein, doch nun steht man vor der riesigen Aufgabe dieses Technikmonster am Laufen zu halten.

Amazon Taschenbuch: ISBN 9798654117342
Amazon E-Book-Code: ASIN: B08B8Y5NBY